Macmillan/McGraw-Hill

Libro interactivo del estudiante

www.macmillanmh.com

Conéctate StudentWorks *Plus*™
Libro interactivo del estudiante

OBSERVA

- Vistazo preliminar a los conceptos y selecciones de la semana

LEE

- Lectura palabra por palabra

APRENDE

- Preguntas de comprensión
- Actividades de investigación y aprendizaje digital

DESCUBRE

- Resúmenes y glosario

Conéctate **Actividades en Internet**
www.macmillanmh.com

- **Actividades interactivas** para la enseñanza guiada y la práctica

IWB **Interactive White Board**

Luciana Navarro Powell, ilustradora de la cubierta, nació en Curitiba, Brasil. Trabajó años diseñando muebles, aparatos electrónicos y, ¡hasta una línea de cepillos para el cabello! También hizo ilustraciones para diferentes publicaciones, incluyendo materiales educativos para niños, como una serie de revistas sobre salud, medio ambiente y ciudadanía.

En el 2002, ella y su esposo se mudaron a Los Ángeles, y ahora viven en San Diego. Trabaja como ilustradora independiente para publicaciones infantiles. ¡Espera publicar sus propios libros para cuando su hijo Alex, nacido en 2007, vaya a la escuela!

TEXAS Tesoros de lectura

Lectura/Artes del lenguaje

Autores

Elva Durán
Jana Echevarria
David J. Francis
Irma M. Olmedo
Gilberto D. Soto
Josefina V. Tinajero

Macmillan/McGraw-Hill

Contributors

Time Magazine, Accelerated Reader

learning through listening

Students with print disabilities may be eligible to obtain an accessible, audio version of the pupil edition of this textbook. Please call Recording for the Blind & Dyslexic at 1-800-221-4792 for complete information.

B

The **McGraw·Hill** Companies

 Macmillan/McGraw-Hill

Published by Macmillan/McGraw-Hill, of McGraw-Hill Education, a division of The McGraw-Hill Companies, Inc., Two Penn Plaza, New York, New York 10121.

Printed in the United States of America

ISBN: 978-0-02-207242-1
MHID: 0-02-207242-X

5 6 7 8 9 DOW 13 12 11 10

TEXAS Tesoros de lectura

Lectura/Artes del lenguaje

Bienvenidos a
Tesoros de lectura

Imagina cómo sería si todos los perros hicieran cosas graciosas a nuestras espaldas cada vez que hablamos, aprender sobre la vida de Celia Cruz, saber cómo se las arregló un pequeño sapo para ganarle al veloz venado, o leer sobre la aventura de un niño y un lobito en la fría tundra, donde el día y la noche duran varios meses. Tu **libro del estudiante** contiene éstas y otras selecciones premiadas de ficción y no ficción.

Macmillan/McGraw-Hill

Unidad 4

Trabajo en equipo
Juntos es mejor

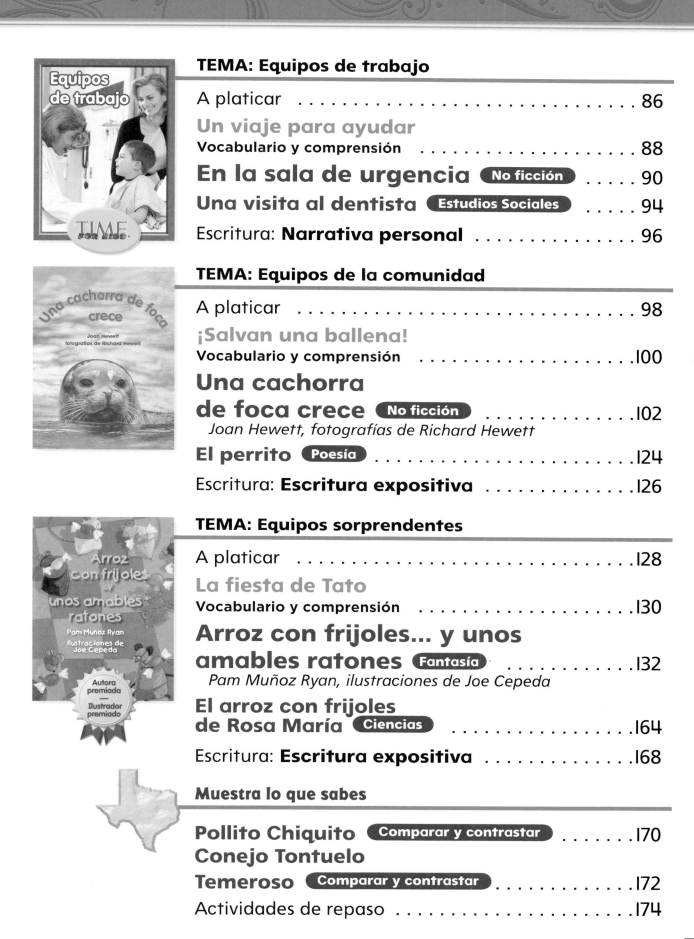

Crecimiento y cambio

Enfoque: Segundo Grado

El mundo que nos rodea

La gran pregunta

¿Por qué trabajar juntos es mejor que trabajar solos?

Conéctate

Busca más información sobre trabajo en equipo en **www.macmillanmh.com**.

Algunos trabajos no pueden ser hechos sólo por una persona. Cuando trabajamos con otras personas, el trabajo es más fácil y se hace más rápido. Si todos ayudan, el salón de clases puede arreglarse en poco tiempo. Los trabajadores de la construcción trabajan en equipo para construir puentes, edificios y caminos. Para que las comunidades sean siempre seguras, algunos policías trabajan de día y otros, de noche. En esta unidad vas a aprender diferentes maneras en que la gente trabaja en equipo para realizar grandes proyectos. Aprender sobre el trabajo en equipo te ayudará a trabajar con otros para completar proyectos grandes más rápidamente.

Actividad de investigación

A lo largo de la unidad te vas a ir informando sobre diferentes lugares en los que se trabaja en equipo. Elige un tipo de trabajo en equipo para investigar. Haz una obra de teatro sobre eso, con personajes que trabajan juntos para lograr algo.

Anota lo que aprendes

A medida que leas, anota lo que vas aprendiendo sobre trabajo en equipo. Usa el boletín en capas para anotar lo que aprendes. En la solapa de arriba, escribe "Juntos es mejor". En las siguientes, escribe "Trabajo en equipo en casa", "Trabajo en equipo en la escuela", "Trabajo en equipo al jugar". Bajo cada solapa del boletín, escribe lo que vas aprendiendo sobre cada tipo de trabajo en equipo.

MODELOS DE PAPEL®
Ayudas de estudio

Juntos es mejor

Trabajo en equipo en casa

Trabajo en equipo en la escuela

Trabajo en equipo al jugar

Taller de investigación

Haz la investigación de la Unidad 4 con:

Guía de investigación
Sigue la guía paso a paso para hacer tu investigación.

Recursos en Internet
- Buscador por temas y otras herramientas de investigación
- Videos y excursiones virtuales
- Fotos y dibujos para presentaciones
- Artículos y recursos relacionados en Internet

Busca más información en **www.macmillanmh.com.**

TEXAS
Gente y lugares

Dra. Juliet Villareal García, lingüista y educadora

Nacida en Texas, fue la primera mujer hispana directora de una universidad en EE. UU. Trabajó con la junta de la Universidad, y así consiguió dinero para becas y logró que miles de estudiantes pudieran ir a la universidad.

A platicar

¿Por qué es más fácil terminar un proyecto trabajando juntos?

Conéctate

Busca más información sobre lograr cosas juntos en **www.macmillanmh.com**.

¡Juntos sí se puede!

Androcles y el león

Vocabulario

- arrogante
- desdén
- presuroso
- jadear
- venia
- ansioso

Claves de contexto

Las claves de contexto son palabras que te ayudan a entender una palabra que no conoces.

Cuando corres mucho y respiras rápido, estás jadeando.

Androcles era un esclavo que vivía en Roma. Su amo era **arrogante**. Se sentía superior a todos y trataba a Androcles con **desdén**, sin ningún aprecio.

Un día, Androcles se escapó y corrió **presuroso** hasta el bosque. Llegó **jadeando** a una cueva. Casi no podía respirar. Se metió en la cueva. ¡Era la cueva de un león!

Androcles y el león se miraron. Androcles saludó con una **venia** y el león también bajó la cabeza. Androcles notó que el león tenía una gran espina clavada en una pata. Androcles le curó la herida y, desde entonces, el hombre y el león fueron amigos.

Un día llegaron unos soldados buscando a Androcles, lo apresaron y lo llevaron de regreso a Roma. Como castigo, tendría que luchar contra un león hambriento.

El día de la lucha la gente estaba **ansiosa**.

—¡Qué empiece la lucha! —gritaban.

El emperador dio una orden y un feroz león empezó a correr hacia Androcles. Pero de pronto, ¡se detuvo y empezó a lamerlo! Androcles abrazó al león. ¡Los amigos de la cueva se habían reconocido!

Androcles contó su historia y el emperador comprendió que un bien merece otro bien.

Desde ese día, Androcles vivió en libertad, y el león regresó al bosque.

Volver a leer para **comprender**

 Volver a leer

Causa y efecto

Al volver a leer puedes ver que los sucesos del cuento son causas o efectos. Una causa es por qué ocurre algo. Un efecto es lo que ocurre. Usa el diagrama para entender las causas y los efectos en el cuento.

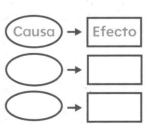

Causa	→	Efecto
	→	
	→	

Comprensión

Género
Un **cuento folclórico** cuenta una historia, muchas veces inventada, que ocurrió hace mucho tiempo.

Volver a leer
Causa y efecto
Cuando leas, usa tu diagrama de causa y efecto.

Causa	→	Efecto
	→	
	→	

Lee para descubrir
¿Qué causa que el sapo Much gane la carrera?

La carrera del sapo y el venado

Autora premiada
Ilustradora premiada

Cuento folclórico maya
contado por Don Fernando Tusucún
y escrito por Pat Mora
ilustraciones de Domi

La luna se levantaba despacio sobre la selva, mientras el sapo Much y sus amigos cantaban y cantaban en su charco preferido. Cantaban tan alto que no escucharon que una criatura muy grande se acercaba.

Causa y efecto
¿Por qué los sapos no escucharon que se acercaba un animal muy grande?

—¡Silencio, paren ya el alboroto! —gruñó
Keej, el venado más grande de la selva—.
Me gusta la calma cuando tomo agua.

A todos los sapos les dio rabia y miedo,
menos a Much que siguió cantando.

—¡Dije silencio! —regañó Keej—. Yo
mando en esta selva, soy el más grande y
el más rápido.

—Pero no más rápido que yo —protestó Much con voz firme y estiró el cuello.

Keej se rio.

—Querido tío Much, apostemos una carrera mañana y veremos quién gana.

23

Apenas se levantó el sol sobre la verde selva, los loros anunciaron la noticia.

—¡Habrá carrera hoy! ¡Carrera! ¡Carrera hoy!

—¿Quiénes correrán? —preguntaron los monos araña
columpiándose de rama en rama—. ¿Quiénes correrán?

A la sombra, el jaguar bostezó: —Much y Keej
correrán hoy.

—¡Sí, Much y Keej correrán hoy! —chillaron los
monos araña.

Los loros y los monos se escondieron entre los árboles para mirar cómo Keej contemplaba su reflejo en el lago. "Soy el más rápido de la selva", se decía levantando la cabeza orgullosamente. "Mis piernas son más veloces que el viento. Siempre gano".

En la otra punta del lago, Much saludaba a sus amigos haciendo una pequeña **venia**: —Buenos días tengan todos.

—Buenos días, Much —le contestaron.

—¡Podrás ganar la carrera, estamos seguros! —le decían saltando de aquí para allá entusiasmados.

—Sólo podré ganar si ustedes me ayudan —les dijo
Much—. ¿Me ayudarán?

—Claro, para eso somos tus amigos —croó despacio un
viejo sapo—. Por supuesto que te ayudaremos a ganar, tú
eres inteligente y para todo tienes un plan. ¿Qué tenemos
que hacer?

—Acérquense y les diré —susurró.

Tarde en la tarde, mientras el sol se escondía, los loros llamaban: —¡Ha llegado la hora de la carrera! ¡Carrera! ¡Carrera!

Todos los animales de la selva llegaron **ansiosos** a ver qué pasaba. Los tucanes y las mariposas volaron **presurosos** entre los árboles, los monos araña avanzaron columpiándose de rama en rama; los armadillos, las javelinas, los osos hormigueros, las iguanas y los perros de monte corrieron entre la selva húmeda para ver de cerca.

En un dos por tres, tapires, cocodrilos de ojos grandes,
faisanes y pavos salvajes se formaron a lo largo del camino
mientras gritaban, "¡Buenas tardes, buenas tardes!", a los
jaguares que se habían acostado encima de las ramas para
mirar desde arriba.

Los sapos se escondieron entre las hojas y raíces del camino, listos para ayudar a su amigo.

—¿Listo, tío Much? —le preguntó Keej, pateando el polvo, sacando pecho y mirándolo con **desdén**.

—¡Listo, tío Keej! —le gritó Much limpiándose el polvo de los ojos y estirando el cuello.

El viejo tucán gritó: —¡YA!

Much y Keej salieron corriendo y después de unos
pocos saltos Keej volteó la cabeza para gritarle a Much:
—¡Adelante tío Much, adelante!

Pero cual fuera su sorpresa cuando un poco más
adelante escuchó la voz de un sapo que le contestaba:
—¡Adelante tío Keej, adelante!

Confundido, Keej corrió más rápido tratando
de alcanzarlo.

Much que venía detrás seguía avanzando a paso
constante mientras escuchaba las voces de aliento:
—¡Dale, Much, dale!

Keej le gritó de nuevo: —¡Adelante tío Much!

Y otra vez volvió a escuchar una voz más adelante

croando: —¡Adelante, tío Keej!

Saltando y saltando, Much seguía avanzando. Keej corría cada vez más rápido y aunque las piernas le comenzaron a doler, siguió saltando más y más lejos, sintiéndose más y más cansado. **Jadeó** una vez más:

—¡Adelante, tío Much!

De nuevo volvió a escuchar más allá la voz de un sapo: —¡Adelante, tío Keej!

Cuando por fin Keej vio la meta final, ya tenía la lengua afuera y sus piernas fuertes temblaban sin parar. Jadeaba tanto de correr tan rápido y saltar tan alto que apenas se podía mover.

Much escuchaba voces de aliento: —¡Dale, Much, dale! —mientras seguía avanzando, saltando y saltando.

Y saltando y saltando, Much pasó al lado del cansado y **arrogante** Keej que trataba de tomar aire, y cuando estaba casi en la meta le llamó: —¡Adelante, tío Keej!

—¡Ganó Much! ¡Ganó Much! —gritaban los animales de la selva.

Much hizo una pequeña venia a todos sus amigos y les dijo: —¡Ganamos la carrera amigos! ¡Ganamos juntos la gran carrera!

Causa y efecto
¿Qué efecto tuvo en Keej saltar y correr tan rápido? ¿Qué efecto tuvo en la carrera?

Tucán le pidió a Keej que se acercara para coronar la pequeña cabeza de Much, y él, arrastrando las patas muy despacio, avanzó sin ninguna prisa.

De repente, Keej escuchó el croar de muchos sapos animándolo a seguir: —¡Adelante, tío Keej, adelante!

Pat Mora, autora de *La carrera del sapo y el venado*, también escribió *Los nuevos amigos de David*. Piensa en la trama de estos dos cuentos. ¿En qué se parecen? Conversa con un compañero sobre las semejanzas que hallaste entre las dos tramas.

Pat escribe cuentos que le cuentan

La carrera del sapo y el venado es un cuento maya. ¿Sabes por qué lo escribió **Pat Mora**? Don Fernando Tusucún, que es una de las pocas personas que todavía habla el idioma de los mayas itzaj, le contó a Pat este cuento de su cultura para que lo transmitiera a toda la gente. A Pat le gustan mucho los cuentos folclóricos.

Domitilia Domínguez, mejor conocida como **Domi**, es una artista mexicana. Vive en Tlaquepaque, en las afueras de Guadalajara. En Tlaquepaque viven muchos artistas como Domi. Todos ellos tienen una manera muy original de representar los animales y las plantas.

Otros libros escritos por Pat Mora

Busca más información sobre Pat Mora y Domi en **www.macmillanmh.com.**

Obras del mismo autor

La autora de *La carrera del sapo y el venado*, Pat Mora, también escribió *Los nuevos amigos de David.* Escribe un párrafo para describir en qué se diferencian y en qué se parecen las tramas de estos dos cuentos.

Pensamiento crítico

Volver a contar

Usa las tarjetas para
volver a contar el cuento.

**Tarjetas
Cuéntalo otra vez**

Pensar y comparar

1. ¿Por qué llegó **jadeando** a
la meta tío Keej, el venado?
Volver a leer: Causa y efecto

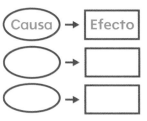

2. ¿Quiénes gritaban "¡Adelante,
tío Keej!" durante la carrera? **Analizar**

3. Vuelve a leer la página 21. ¿Cómo sabes que
Keej era arrogante? **Evaluar**

4. ¿Qué aprendiste en este cuento? ¿Por qué
es importante el mensaje del cuento en
la vida real? **Aplicar**

5. Pat Mora también escribió *Los nuevos amigos
de David*. Piensa en el ambiente de *La carrera
del sapo y el venado* y el de *Los nuevos
amigos de David*. ¿En qué se parecen? ¿En qué
se diferencian? Escribe unas oraciones para
describir las semejanzas y las diferencias entre
los ambientes. **Comparar textos**

Artes del Lenguaje

Género

No ficción Un artículo de Internet informa sobre un tema y se encuentra en Internet.

Elemento del texto

El menú desplegable de un artículo tiene enlaces que te llevan a información relacionada dentro del sitio.

Palabras clave

moraleja

oralmente

festival de cuentistas

El mismo cuento, otra cultura

ilustraciones de Andrezzinho

Por todo el mundo, se repiten diferentes versiones de los mismos cuentos tradicionales. Cuentos de carreras entre un animal rápido y uno más lento pero ingenioso, aparecen, con diferentes personajes, en culturas de todo el mundo. Sin importar de donde viene el cuento, la **moraleja**, o el mensaje, es siempre el mismo: no siempre gana el más grande ni el más rápido. Seguramente conoces el cuento de la liebre y la tortuga, o puedes encontrarlo en Internet. Ahora leerás un cuento parecido del pueblo séneca.

Favoritos

Historia

Búsqueda

La carrera de Oso y Tortuga

Cuento séneca

Un frío invierno, Oso, de mal humor, llegó hasta el borde del estanque. Allí vio a Tortuga que sacaba la cabeza por un agujerito en el hielo.

—¡Eh! —gritó Oso, sin saludar a su vieja amiga—. ¿Qué estás haciendo, lenta?

Tortuga miró a Oso: —¿Por qué me llamas lenta?

—Tú eres la más lenta de los animales — resopló Oso—. Si yo corriera una carrera contigo, te dejaría atrás y muy lejos.

—Mi amigo —dijo Tortuga—, entonces corramos una carrera. Tú correrás por la orilla del estanque y yo haré hoyos en el hielo y nadaré bajo el agua. Cuando alcance cada hoyo, sacaré mi cabeza afuera.

—De acuerdo —dijo Oso—, mañana correremos.

A la mañana siguiente, muchos animales se reunieron para mirar en la orilla del estanque. Cuando comenzó la carrera, Oso se lanzó hacia delante, haciendo volar la nieve con sus patas. La cabeza de Tortuga se escondió en el primer hoyo y casi enseguida apareció en el hoyo siguiente, delante de Oso.

—Aquí estoy Oso —gritó Tortuga—. ¡Alcánzame!

Y desapareció de nuevo. Oso corrió aun más rápido. Pero antes de llegar al siguiente hoyo, vio a Tortuga salir de nuevo.

Y eso sucedió una y otra vez: Oso corría más y más rápido, y cada vez se cansaba más, pero antes de que pudiera alcanzar cada hoyo, Tortuga aparecía adelante gritándole que la alcanzara.

Cuando Oso por fin llegó a la meta, Tortuga estaba esperándolo con los demás animales. Oso había perdido la carrera. Se fue a su casa, tan cansado que se durmió apenas llegó. Y siguió durmiendo hasta que el cálido aire de la primavera volvió a perfumar el bosque.

Un poco después de que Oso y los demás animales se alejaron del estanque, Tortuga dio unos golpecitos en el hielo. Entonces, muchas cabecitas verdes salieron de los hoyos todo a lo largo de la orilla del estanque. Eran los primos y hermanos de Tortuga, ¡y todos se parecían a ella!

—Gracias, mis parientes —dijo Tortuga—. Hoy le enseñamos a Oso una buena lección: que no es bueno burlarse de otros seres.

Tortuga sonrió y muchas tortugas, todas iguales a ella, también sonrieron.

Los cuentos tradicionales, o folclóricos, antes se pasaban **oralmente**, hablando, de una persona a otra. En todo el mundo, hoy día se hacen **festivales de cuentistas**, donde la gente va a contar las historias de su cultura. Muchos cuentos se repiten, bastante parecidos, de una cultura a otra. Si usas un buscador de internet, puedes encontrar cuentos parecidos de otras culturas.

Enlaces

- La liebre y la tortuga
- La lección de la mariposa
- El Señor Conejo y El Señor Zorro
- Festivales de cuentistas

Pensamiento crítico

1. ¿A qué otras páginas puedes llegar con un enlace desde este artículo? **Menú desplegable**

2. *La carrera del sapo y el venado* es un cuento maya y *La carrera de Oso y Tortuga* es un cuento de los indios séneca. Piensa en qué se parecen y en qué se diferencian. **Leer/Escribir para comparar textos**

Artes del lenguaje

Busca cuentos folclóricos en Internet. Escoge uno y cuéntaselo a tu clase.

Conéctate Busca más información sobre cuentos folclóricos en **www.macmillanmh.com**.

Conexión: Lectura y escritura

Un buen párrafo

Un buen párrafo tiene una oración del tema y detalles que la apoyan.

Ésta es la oración del tema de mi párrafo.

Pongo detalles que dan más información sobre mi tema.

Trabajo en equipo

El mes pasado, los niños de mi clase formamos un equipo para limpiar el Parque Prospect. Era mucho trabajo. Había papeles y latas por todos lados. Los 15 niños de la clase trabajamos en equipo para recoger la basura y echarla en bolsas. ¡Y nos llevó más de cuatro horas! Por suerte éramos muchos. ¡Gracias a nuestro trabajo ahora el parque estará limpio y será más seguro jugar ahí! Haremos lo mismo todos los meses.

Tu turno

Algunos trabajos son demasiado para una persona sola.

Piensa en una vez que hayas trabajado en equipo para lograr algo.

Escribe una narración personal sobre eso.

Control de escritura

✓ Mi escrito cuenta claramente sobre un trabajo que hice en equipo.

✓ Escribí un buen párrafo con una oración del tema y detalles que la apoyan.

☑ Puse detalles que dicen algo más sobre mi idea principal.

✓ Usé bien las mayúsculas y los signos de puntuación. Usé bien el pasado y el futuro de los verbos.

¿De qué maneras trabajan juntos la gente y los animales?

Busca más información sobre equipos especiales en **www.macmillanmh.com**.

Equipos especiales

LA SEGURIDAD EN LA ESCUELA

Brian Sullivan

—¡**Atención**! Necesitamos hablar de las reglas de la escuela —dijo nuestro maestro. Era el segundo día de clases.

—¿Qué hacen ustedes si se apagan las luces?

Los niños nos quedamos un momento **boquiabiertos**, sin saber qué decir.

—Nos quedamos quietos y escuchamos con cuidado lo que usted dice —dijo entonces Pedro.

—Bien —dijo el maestro—. ¿Y con respecto a ponernos en fila?

—Encontramos a nuestro compañero de fila y hacemos fila junto a la puerta —dijo Rosa.

—¡Eso mismo! —dijo el maestro—. Además hay otra regla ¿Cuál es, Julia?

—No correr por los pasillos —dijo Julia—. Uno puede caer o resbalarse y tener un **accidente**.

—Muy bien —dijo el maestro—. **Asimismo** hay una razón para quedarnos juntos en los pasillos, ¿cuál es?

—Esta escuela es **enorme**, es grandísima, y sería fácil perderse —dijo Liam.

Entonces sonó el timbre del **mediodía** y todos nos preparamos para ir a almorzar.

—Sé que cumplirán con las reglas —dijo el maestro—. Así, estaremos todos seguros.

Volver a leer para **comprender**

✦ Adelantar la lectura
Usar las ilustraciones

Puedes adelantarte a la lectura de un cuento mirando las ilustraciones. Mirar las ilustraciones también te ayuda a entender lo que lees. Vuelve a leer el cuento y usa la tabla para entender lo que te dicen las ilustraciones.

Ilustración	Lo que aprendo de la imagen

Género
Un cuento de **ficción** tiene personajes y sucesos inventados.

✅ Adelantar la lectura
Usar ilustraciones
Al leer y mirar las ilustraciones, usa la tabla.

Ilustración	Lo que aprendo de la imagen

Lee para descubrir
¿Cómo pueden las ilustraciones hacer más divertido un cuento?

EL OFICIAL BUCKLE Y GLORIA

Peggy Rathmann

El oficial Buckle sabía más consejos de seguridad que nadie en Napville.

Cada vez que pensaba en uno nuevo, lo colgaba en su tablero de anuncios.

Consejo de Seguridad N.° 77
NUNCA se paren sobre una SILLA GIRATORIA.

El oficial Buckle compartía sus consejos de seguridad con los estudiantes de la Escuela Napville.

Nunca nadie lo escuchaba. A veces hasta se escuchaban ronquidos. Y todo seguía como siempre.

La directora, la señora Toppel, se subió a una silla y descolgó el cartel de bienvenida.

"NUNCA se pare sobre una SILLA GIRATORIA" le dijo el oficial Buckle, pero la señora Toppel no lo escuchó.

Entonces, un día, el departamento de policía de Napville compró una perra policía llamada Gloria.

Cuando llegó el momento de que el oficial Buckle diera su charla sobre seguridad en la escuela, Gloria lo acompañó.

"Niños, ésta es Gloria" anunció el oficial Buckle. "Gloria obedece mis órdenes. Siéntate Gloria", dijo. Y ella se sentó.

El oficial Buckle dio su Consejo de Seguridad
Número Uno:

**"¡TENGAN siempre atados los CORDONES
de los ZAPATOS!"**

Los niños se sentaron derechos y miraron fijo.

El oficial Buckle se dio vuelta para ver si Gloria
estaba sentada en posición de **atención**.
Lo estaba.

"Consejo de Seguridad Número Dos" dijo
el oficial Buckle.

"¡SIEMPRE limpien lo que se derrama
ANTES de que alguien se RESBALE!"

Los niños abrieron los ojos bien grandes y se
quedaron **boquiabiertos**.

El oficial Buckle miró otra vez cómo
estaba Gloria.

"Buena perra" dijo.

El oficial Buckle pensó en cierto consejo de seguridad que había descubierto esa mañana.

"¡NUNCA dejen una TACHUELA donde puedan llegar a SENTARSE sobre ella!"

Se escuchó el clamor del público.

Usar ilustraciones
Usa los dibujos para explicar cómo Gloria hace las charlas del oficial Buckle más interesantes.

El oficial Buckle sonrió de oreja a oreja. El resto de los consejos los dijo con *mucha* expresión.

Los niños aplaudían y aclamaban. Algunos reían hasta que se les saltaban las lágrimas.

El oficial Buckle estaba sorprendido. No tenía idea de lo divertidos que podían ser los consejos de seguridad.

Después de *esta* charla sobre seguridad, no hubo ni un solo **accidente**.

Al día siguiente llegó un sobre **enorme** a la estación de policía. Estaba lleno de cartas de agradecimiento de los estudiantes de la Escuela Napville.

Cada carta tenía un dibujo de Gloria.

El oficial Buckle pensó que los dibujos demostraban mucha imaginación.

Su carta favorita estaba escrita
en un pedazo de papel con forma
de estrella. Decía:

Usted y Gloria forman un buen equipo.

Su amiga,
Clara.

P.D.: Siempre uso un casco.
(Consejo de Seguridad N° 7)

El oficial Buckle estaba pinchando la carta de Clara en su tablero cuando comenzaron a sonar los teléfonos. Escuelas primarias, escuelas secundarias y guarderías llamaban por la charla de seguridad.

"Oficial Buckle" decían, "¡nuestros estudiantes quieren oír sus consejos de seguridad! **Asimismo**, piden que por favor traiga con usted a la perra policía".

El oficial Buckle dio consejos de seguridad
en 313 escuelas. Allí donde él y Gloria iban,
los niños se sentaban y escuchaban.

Después de cada charla, el oficial Buckle
llevaba a Gloria a tomar un helado.

Al oficial Buckle le encantaba tener
una compañera.

Un día, un equipo de noticias de la televisión filmó al oficial Buckle en un auditorio. Cuando el oficial Buckle terminó con el Consejo de Seguridad Número Noventa y Uno, **¡NUNCA NADEN DURANTE UNA TORMENTA ELÉCTRICA!**, los estudiantes se pusieron de pie y aplaudieron.

—¡Bravo! ¡Bravo! —gritaban.
El oficial Buckle hacía una reverencia
y otra y otra.

Esa noche, el oficial Buckle se vio
a sí mismo en las noticias de las 10 en punto.

Al día siguiente, la directora de la Escuela Napville telefoneó a la estación de policía.

—¡Buen día oficial Buckle! ¡Es hora de nuestra charla de seguridad!

El oficial Buckle frunció el ceño.

—¡No voy a dar más discursos! ¡De todos modos, nadie me mira a mí!

—¡Oh! —dijo la señora Toppel—. ¡Vaya! ¿Y qué hay de Gloria? ¿Podría venir ella?

Al **mediodía**, alguien de la estación de policía llevó a Gloria a la escuela.

Gloria se sentó solita en el escenario. Después, se quedó dormida. El público también se durmió.

Luego de que Gloria se fue, la Escuela Napville tuvo los mayores accidentes de su historia...

Empezó con un charco de pudín de banana...

¡PLAF!
¡PLAF!
¡PATAPLAF!

Todos resbalaron y chocaron contra
la señora Toppel, que gritó y soltó el martillo.

75

A la mañana siguiente, una pila de cartas
llegó a la estación de policía.

Cada carta tenía un dibujo del accidente.
El oficial Buckle estaba asombrado.

Al final de la pila había una carta
escrita en una estrella de papel.
El oficial Buckle sonrió.

La nota decía:

Gloria le dio un gran beso en la nariz
al oficial Buckle. El oficial Buckle le dio
a Gloria una cariñosa palmadita en el lomo.
Luego, el oficial Buckle pensó en su mejor
consejo de seguridad hasta el momento...

Consejo de seguridad N.º 101

"¡NUNCA SE SEPAREN DE SU COMPAÑERO!"

Peggy Rathmann tomó la idea para *El oficial Buckle y Gloria* de un video familiar. En el video se ve a la mamá de Peggy hablando. Mientras, atrás, el perro lamía los huevos que estaban servidos para el desayuno.

En la parte siguiente del video, dice Peggy, "se ve a toda la familia sentada a la mesa del desayuno, felicitando a mi madre por los deliciosos huevos". Por supuesto, ¡nadie supo lo que el perro había hecho! "Cuando miramos el video quedamos tan impresionados que no podíamos parar de reírnos", dice Peggy.

Otro libro escrito por Peggy Rathmann

Busca más información sobre Peggy Rathmann en **www.macmillanmh.com.**

Propósito de la autora

Peggy quiso divertirnos mostrándonos cosas que pueden pasar a nuestras espaldas. ¿Alguna vez hiciste o te pasó algo parecido? ¿Qué pasó?

Pensamiento crítico

Volver a contar
Usa las tarjetas para
volver a contar el cuento.

Tarjetas
Cuéntalo otra vez

Pensar y comparar

Ilustración	Lo que aprendo de la imagen

1. ¿Qué te dicen las ilustraciones
   sobre la personalidad de Gloria?
   Da detalles. **Adelantar la lectura:
   Usar las ilustraciones**

2. Vuelve a leer las páginas 60 y 61 y
   mira las ilustraciones. ¿Por qué los niños quedaron
   boquiabiertos? Usa el texto y las ilustraciones
   para explicarlo. **Aplicar**

3. ¿Te gustaría tener una perra como Gloria?
   ¿Por qué? **Evaluar**

4. ¿Por qué "¡Nunca se separen de su compañero!" es
   un consejo importante? **Sintetizar**

5. ¿En qué se diferencian los consejos
   de "La seguridad en la escuela", de las
   páginas 52 y 53, y los consejos
   de seguridad del oficial Buckle?
   Leer/Escribir para comparar textos

Seguridad contra incendios

Los bomberos quieren que todos estén a salvo. Enseñan a las familias cómo evitar **riesgos**, o sea, cómo evitar cosas o situaciones peligrosas que pueden causar un incendio. Si sigues las reglas de seguridad contra incendios puedes ayudar a prevenirlos. También puedes mantenerte a salvo si sabes qué hacer si se produce un incendio en las cercanías.

Cómo mantenerte a salvo del fuego

- Nunca juegues con cerillas o encendedores.
- No toques velas encendidas.
- No cocines si no hay un adulto contigo.
- Ten cuidado cuando estés cerca de planchas, cocinas, chimeneas y parrillas.
- Nunca toques cables de corriente, enchufes ni tomacorrientes.

¡Para! ¡Échate al suelo! ¡Rueda!

Si tus ropas se prenden fuego, haz estas tres cosas de inmediato.

1

¡Para! Correr o caminar pueden hacer que el fuego empeore.

2

¡Échate al suelo! Échate al suelo y cúbrete la cara y los ojos.

3

¡Rueda! Rueda sobre ti mismo una y otra vez hasta apagar las llamas.

Tú y tu familia pueden aprender cómo mantenerse a salvo si hubiera un incendio en tu casa. Haz un plano de tu casa. Señala los mejores caminos para salir de la casa. Asegúrate de que tu plano muestre más de un **itinerario**, en caso de que un camino quede bloqueado. Escoge un lugar de encuentro seguro fuera de la casa. Haz simulacros de incendio para practicar tu plano. Practicar te ayudará a mantener la **calma** y a encontrar un camino seguro hacia la salida.

Plano de planta para seguridad contra incendios

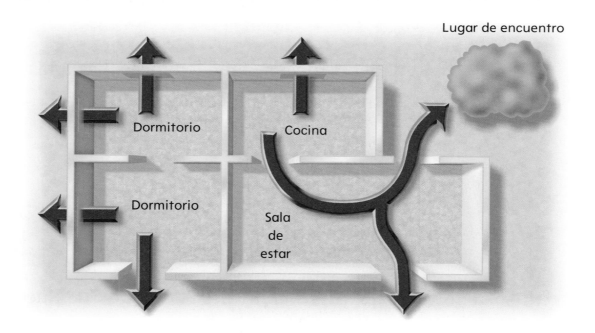

Lugar de encuentro

Dormitorio

Cocina

Dormitorio

Sala de estar

Este plano de planta muestra varios caminos para salir de la casa en caso de que comience un incendio.

82

Cuando estés sano y salvo fuera de la casa, llama al 9-1-1 para pedir ayuda. Espera hasta que lleguen los bomberos. ¡En ningún momento regreses a la casa por ningún motivo!

 Pensamiento crítico

1. ¿Cuáles son los dos itinerarios de escape, desde cada dormitorio, que se muestran en el plano? **Plano de planta**

2. Piensa en este artículo y en *El oficial Buckle y Gloria*. ¿Qué otros consejos de seguridad podrían dar los bomberos en la escuela? **Leer/Escribir para comparar textos**

 Estudios Sociales

Dibuja un plano de planta de tu casa. Muestra al menos dos itinerarios de escape y un lugar de encuentro afuera. Dale una copia a tu familia.

 Busca más información sobre seguridad contra incendios en **www.macmillanmh.com.**

Escritura

Un comienzo interesante

Los buenos escritores crean **comienzos interesantes** para llamar la atención de sus lectores.

Mi primera oración es interesante y presenta el tema de mi escrito.

Empiezo con una descripción.

Usa tu casco para la bici

Jay F.

Me encanta ir en bici bien rápido, pero aprendí cómo ir seguro. "Es muy importante que usen un casco siempre que monten en bicicleta", nos enseñó el señor Jorge, en la clase de seguridad. La semana pasada iba en mi bici y me caí. Pero cuando mi cabeza se dio contra la calle, mi casco la protegió. ¿Qué habría pasado si no llevara el casco? ¡No quiero ni pensarlo! ¡Es mejor usar tu casco cuando vas en bicicleta !

Tu turno

La seguridad es muy importante.

Piensa en algo que haces para prevenir accidentes.

Escribe para explicar a la gente cómo puede prevenir accidentes.

Control de escritura

☑ Mi escrito explica claramente cosas que la gente puede hacer para prevenir accidentes.

☑ Puse un **comienzo interesante** que llama la atención de los lectores.

☑ Puse detalles que muestran por qué la seguridad es importante.

☑ Uso el verbo "ir" correctamente. Pongo comillas para repetir exactamente lo que dijo otra persona.

85

Equipos de trabajo

87

Vocabulario

- grave
- fracturado
- personal
- informar
- curar

Un viaje para ayudar

Con luces brillantes y ruido de sirenas, una ambulancia se acerca. Hay un problema **grave**. Alguien está herido o muy enfermo.

Los paramédicos conducen la ambulancia. Ellos también atienden a las personas mientras las llevan al hospital. Dentro de la ambulancia hay materiales médicos. Si alguien tiene un hueso **fracturado**, los paramédicos usan un equipo especial para mantener quieto el hueso roto.

Los paramédicos tienen un interés **personal** en ayudar a la gente. Dan auxilio a los heridos y los llevan rápido al hospital.

Los paramédicos llegan cuando hay alguien enfermo o lastimado.

Es hora de rayos X

¿**Q**uién necesita rayos X? A las personas que se han roto un hueso se les tomarán rayos X en el hospital. Los rayos X son un tipo especial de fotografía que muestra los huesos y otras partes que hay dentro del cuerpo.

¿Qué pasa cuando se toman rayos X? Al principio, un técnico en rayos X toma la imagen. Después, los doctores miran la placa de rayos X. Al final, los doctores **informan** al paciente cómo se le va a **curar** el hueso. Es posible que le digan que necesita un yeso. También le explican que el hueso se curará con el tiempo.

Conéctate
Visita un hospital en
www.macmillanmh.com.

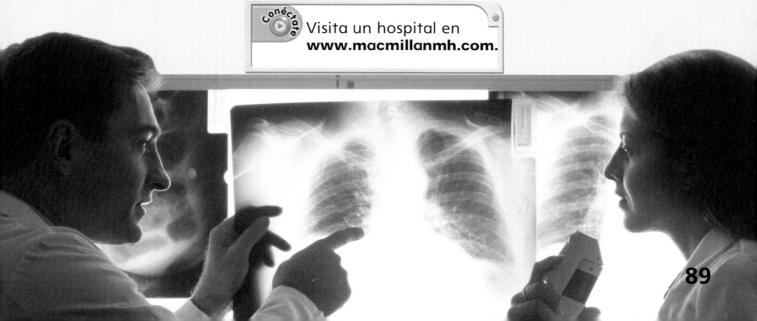

En la sala de urgencia

¿Quién trabaja en la sala de urgencia?

Comprensión

Género
Un artículo de no ficción da información sobre personas, cosas o sucesos reales.

Estructura del texto
El orden de los sucesos es el orden en que las cosas suceden.

¡Oh, no! Tienes un hueso **fracturado**. ¿Adónde vas a ir? A la sala de urgencia del hospital, por supuesto. La sala de urgencia es un lugar atareado. Las ambulancias y las personas llegan de día y de noche. Las personas son llevadas allí si tienen algún problema **grave** de salud.

Muchos doctores y enfermeros trabajan en la sala de urgencia. Su trabajo es ayudar a la gente cuando está enferma o herida. Allí también trabajan otras personas. Ayudan a que el hospital funcione bien. Conozcamos a algunas de las personas que trabajan en la sala de urgencia de un hospital.

H Recepcionista

La primera persona que ves en la sala de urgencia es un recepcionista, quien registra tu ingreso a la sala de urgencia del hospital.

El adulto que te acompaña llenará los formularios. En los formularios se pregunta tu información **personal** y por qué fuiste al hospital.

Después, una enfermera o un enfermero te cuidará.

El trabajo de los enfermeros es averiguar sobre tu lesión y hacerte preguntas sobre tu salud. Los enfermeros te tomarán la temperatura y la presión sanguínea. Ellos harán un **informe** sobre tu problema de salud en una ficha especial.

Luego te encontrarás con un auxiliar de enfermería que te llevará al área apropiada, por si necesitan hacerte algún análisis. Tal vez utilicen una silla de ruedas para llevarte de un área a otra.

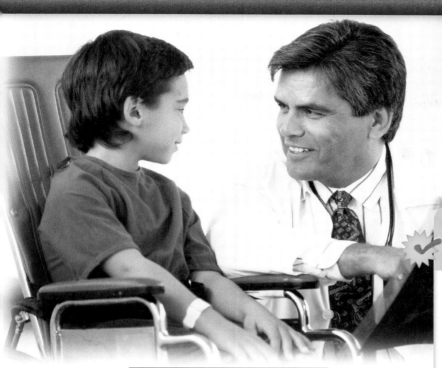

Al final, es hora de que el doctor te examine. El doctor revisa tu lesión. También mira tu ficha y si lo necesitas, pide que te tomen rayos X. El doctor sabe cómo arreglar tu hueso roto. Quizá te ponga un yeso para que el hueso se pueda **curar**. El doctor también decide si necesitas quedarte en el hospital o si puedes irte a casa.

Entonces, no te preocupes si tienes que ir a una sala de urgencia. Ahora sabes quiénes trabajan allí y cómo te ayudarán a sentirte mejor.

Pensamiento crítico

1. Nombra a las personas que ves en una sala de urgencia, en el orden en que te las encuentras. Usa *al principio*, *después* y *al final*.

2. ¿Qué hace un recepcionista?

3. ¿Has ido a un hospital o a una sala de urgencia? Si fuiste cuenta tu experiencia, si no, cuenta sobre una vez que fuiste al doctor.

4. ¿En qué se parecen los paramédicos y los doctores?

Muestra lo que sabes

El autor y yo
La respuesta no está en la página. Conecta las claves para descubrirla.

Una visita al dentista

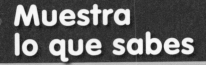

Necesitas los dientes para comer. Para cuidar bien de ellos, come cosas sanas y recuerda cepillarlos y pasarles hilo dental todos los días. También es importante que vayas al dentista cada seis meses.

Esto es lo que pasa en un examen dental. Al principio, el dentista toma rayos X. Esas imágenes de tus dientes muestran si tienes alguna caries. También muestran la salud de tus dientes y encías. Después, el dentista o un asistente limpia tus dientes y los deja brillantes.

Por último, el dentista examina el interior de tu boca. Usa un pequeño espejo para ver los dientes de atrás. ¡Se alegra si tus dientes y encías están sanos! En seis meses será tiempo de volver para hacerte otro examen.

INSTRUCCIONES
Decide cuál es la mejor respuesta para cada pregunta.

I   Observa esta red de información.

¿Qué información del párrafo I corresponde al óvalo vacío?

(A) Comer muchas golosinas

(B) Cepillarte los dientes todos los días

(C) Hacer deporte

(D) Visitar al dentista cada dos años

---

2   **¿Por qué debes ir al dentista?**

(A) para cepillarte los dientes

(B) para que brillen tus encías

(C) para ver si tienes caries

(D) para pasarte hilo dental

3   **Este artículo se escribió para —**

(A) explicar por qué tenemos dientes.

(B) enseñar cómo hay que cepillarse los dientes.

(C) explicar qué hacen los dentistas.

(D) mostrar cómo funcionan los rayos X.

¡A escribir!

Pat escribió una narración personal sobre una vez en que la bibliotecaria lo ayudó.

Pongo los sucesos en orden para organizar mi escritura.

Ayuda en la biblioteca

El verano pasado fui a la biblioteca. ¡Había tantos libros! Le pedí ayuda a la bibliotecaria.

Al principio, la señora Valdez me preguntó qué me gustaba leer. Dije que me gustaban los cuentos inventados y las historias reales. Después, ella me ayudó a encontrar dos buenos libros. Uno era de fantasía, sobre un gato que hablaba. El otro libro era de no ficción. Era sobre un paramédico.

Al final me llevé los libros a casa. Ambos fueron divertidos. Ahora siempre que voy a la biblioteca le pido ayuda a la señora Valdez. Ella sabe cómo encontrar los mejores libros.

Tu turno

Escribe sobre el tema que se te da en el recuadro. Escribe durante 8 minutos todo lo que puedas y lo mejor que puedas. Lee las pautas antes de escribir y revísalas cuando termines.

Mucha gente puede ayudarte. Piensa en alguna vez en que un trabajador te haya ayudado. Escribe sobre cómo y por qué te ayudó esa persona.

Pautas para escribir

 Piensa en tu propósito para escribir.

 Planea lo que vas a escribir antes de comenzar.

 Asegúrate de que los sucesos de tu cuento tengan un orden claro.

 Usa la gramática, la ortografía y la puntuación lo mejor que puedas.

EQUIPOS DE LA COMUNIDAD

¿Cómo colaboran diferentes personas de tu comunidad para lograr algo?

Busca más información sobre equipos de la comunidad en **www.macmillanmh.com**.

Vocabulario

examinar

mamífero

normal

desnutrición

rescatado

adulto

Claves de contexto

Los antónimos son palabras que tienen significados opuestos.

Joven y *adulto* son antónimos.

¡SALVAN UNA BALLENA!

Elizabeth Baker

Una ballena encalló en la Bahía de Drew. La ballena era pequeña y había nacido hacía poco tiempo. Algunas personas vieron que la ballena estaba atascada en la arena y llamaron a la policía.

Pronto llegó ayuda. Jenny Litz fue la primera en llegar. Jenny es una científica que **examina** ballenas. Ella revisó al animal para saber si estaba sano.

Las ballenas son **mamíferos**. Los mamíferos son animales de sangre caliente que se alimentan de la leche de su madre. Jenny controló los latidos del corazón y la respiración de la ballena. Dijo que la ballena parecía **normal**. No parecía estar enferma.

Después, revisó a la ballena para saber si tenía problemas de **desnutrición**. Estar mucho tiempo sin comida puede ser peligroso. Pero esta pequeña ballena se veía saludable y bien alimentada.

Los rescatistas actuaron rápido y mantuvieron mojado al animal. La marea crecía y el agua se iba haciendo más profunda. Pronto la ballena pudo nadar de nuevo. ¡La joven ballena fue **rescatada**! Crecerá y se volverá **adulta** en el mar.

Volver a leer para **comprender**

Resumir
Orden de los sucesos

Una manera de resumir un artículo es explicar el orden en que ocurren los sucesos más importantes. Vuelve a leer el artículo y usa tu diagrama para comprender qué sucede al principio, después y al final en este artículo.

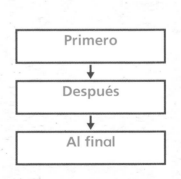

Primero

↓

Después

↓

Al final

Comprensión

Género
Un cuento de
no ficción es el relato
de un hecho real.

Resumir
Orden de los sucesos
Mientras lees, usa
tu diagrama de
orden de los sucesos.

Primero

↓

Después

↓

Al final

Lee para descubrir
¿Cómo encuentran
a Sidney, la ayudan y
la envían a su hogar
en el océano?

Una cachorra de foca crece

Joan Hewett
fotografías de Richard Hewett

A la orilla del mar

La cachorra de foca tiene dos semanas de edad.
Se llama Sidney.

Sidney siempre está cerca de su madre. Se
alimenta de la leche de su madre.

Mientras las olas rompen contra la playa rocosa,
las familias de focas se echan al calor del sol.

Sidney y su madre también están echadas al sol.

La madre de Sidney tiene hambre. Se zambulle en el agua para ir en busca de peces. El agua está demasiado fría para Sidney. Por eso, Sidney se queda en la orilla.

La cachorra de foca espera a su madre. Espera y espera durante tres días. Está muy hambrienta.

Unas personas se dan cuenta de que la foquita está sola. "¿Regresará su madre?", se preguntan.

Al día siguiente, la cachorra todavía
está sola. Entonces, la gente pide ayuda
y Sidney es **rescatada**.

> **Orden de los sucesos**
> ¿Qué pasó hasta que Sidney
> se quedó sola en la playa?

Atendida y curada

Llevan a Sidney a un centro de rescate de **mamíferos** marinos.

Un científico llamado Peter es quien cuida a las focas jóvenes. Él levanta de su jaula a la delgada cachorra.

Sidney está débil por la **desnutrición**. Pero Peter sabe exactamente qué hacer. Coloca un tubo en la boca de Sidney.

Luego, Nicole bombea una bebida que va hasta el estómago de Sidney. La bebida es parecida a la leche de una foca madre.

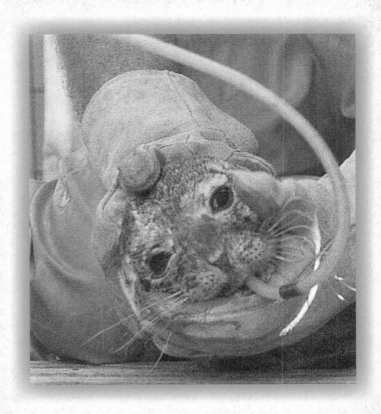

Ahora Sidney está
satisfecha. También está
muy cansada y se queda
dormida.

Cuando Sidney se despierta, tiene
los ojos brillantes y mira a su alrededor.

Peter **examina** a la cachorra. El latido
de su corazón es **normal**. También
su temperatura lo es. Sidney está saludable.

Además tiene la dentadura completa. Esto
quiere decir que tiene al menos tres semanas
de edad. Sidney es pequeña para su edad.

Sidney bebe su alimento tres veces por día. Se pone más fuerte. Se mueve por todos lados usando sus aletas.

Una piscina de plástico para niños se convierte en el corralito de Sidney. Le gusta el agua. Y puede nadar cada vez más rápido.

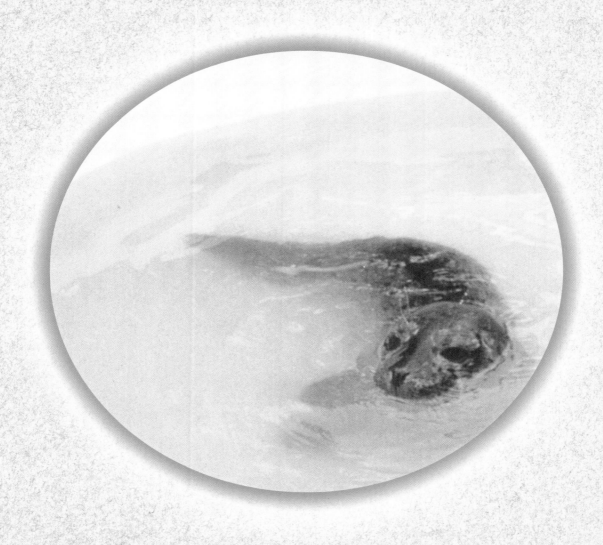

Nicole le ofrece a Sidney un pescado. Pero
Sidney no lo quiere.

Nicole no se rinde. Día tras día, le
mueve un pescado frente al hocico.
Por fin, un día, la cachorra abre
la boca y se lo traga.

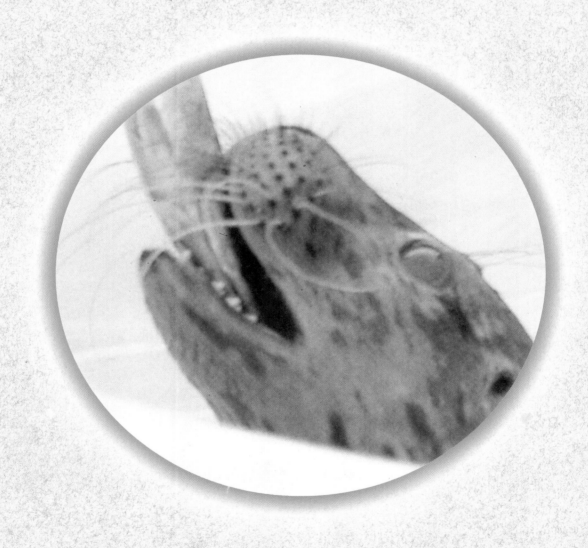

Antes de que pase mucho tiempo, Sidney
quiere comer pescado. Todas las mañanas
espera su cubo con pescado.
La cachorra empieza a engordar. Ya no
necesita su bebida nutritiva[1].

[1]nutritiva: que nutre, que alimenta

Sidney tiene cinco semanas de edad y una gruesa capa de grasa. La grasa la mantendrá abrigada en el agua fría.

Sidney está lista para arreglárselas sola.

Orden de los sucesos
Cuenta lo que hacen para ayudar a Sidney en el centro de mamíferos marinos.

De vuelta al mar

Peter pone a la cachorra en una jaula. Otros científicos se harán cargo de llevar a Sidney en un bote. Al salir, Sidney se entusiasma con el olor salado del océano. Se sacude en su jaula.

El bote se dirige hacia una isla. Cuando casi han llegado, el bote se detiene. Es hora de decir adiós.

Un científico inclina la jaula para que Sidney salga. "¡Buena suerte pequeña!", le dice.

Sidney se desliza hacia el agua. Encontrará otras focas. Atrapará pescados. Sidney crecerá y se convertirá en una foca **adulta** en su hogar, el océano.

Las aventuras con animales de
Joan y Richard Hewett

Joan Hewett y su esposo **Richard Hewett** crearon su primer libro para niños en 1977. Después de hacerlo, Richard dijo: "Supe que esto era lo que yo quería hacer. Los libros para niños son lo mejor".
Joan y Richard han trabajado juntos en más de 20 libros infantiles. Muchos de sus libros son sobre animales. "Siempre disfrutamos haciendo libros que nos ponen en contacto cercano con los animales. Se necesita paciencia para fotografiar focas y otros animales. Es un desafío, y eso es parte de la diversión", dijo Joan.

Busca más información sobre Joan y Richard Hewett en **www.macmillanmh.com.**

 Propósito de los autores
A los Hewett les gusta escribir sobre animales. ¿Alguna vez has ayudado a un animal o a una persona? Escribe un párrafo sobre eso.

Pensamiento crítico

Volver a contar

Usa las tarjetas para
volver a contar el cuento.

**Tarjetas
Cuéntalo otra vez**

Pensar y comparar

1. ¿Qué le sucedió a
   Sidney al principio, después
   y al final? Usa detalles. **Resumir:
   Orden de los sucesos**

Primero
↓
Después
↓
Al final

2. Vuelve a leer las páginas 106 a 109. Sidney estaba
   muy delgada cuando fue **rescatada**. Explica
   por qué. **Analizar**

3. ¿Cómo crees que se sintieron los científicos
   cuando le dijeron adiós a Sidney? Explica
   tu respuesta. **Evaluar**

4. ¿Por qué crees que los científicos regresaron
   a Sidney al océano cuando recuperó
   su salud? **Analizar**

5. ¿En qué se parece Sidney a la ballena
   de "¡Salvan una ballena!", de
   las páginas 100 y 101? **Leer/Escribir
   para comparar textos**

Poesía

Los **poemas** pueden describir las cosas de maneras interesantes o inusuales.

Elementos literarios

Los **símiles** comparan una cosa con otra. En el símil se usan las palabras: *como* e *igual*. Los símiles ayudan a los lectores a imaginar cómo se ve, suena, sabe, huele, se mueve o se siente una cosa.

El perrito

Anónimo

Llama al perrito
y su leche sírvele.
Y el lomo cepíllale
para que su pelito
como la seda brille.
Llama al perro
y dale un hueso.
Sácalo de paseo
y tráelo de regreso.

✔ Pensamiento crítico

1. ¿Qué cosas se comparan en el poema? ¿Cómo sabes que la comparación es un símil? **Símil**

2. Piensa en cómo cuidaron los científicos a Sidney en *Una cachorra de foca crece*. ¿En qué se parece cuidar a una foquita bebé, a cuidar a un cachorrito o a un perro? ¿En qué es diferente?
Leer/Escribir para comparar textos

 Busca más información sobre cuidar animales en **www.macmillanmh.com.**

Escritura

Detalles

Los buenos escritores dan **detalles importantes** para que lo que escriben sea claro para los lectores.

Doy detalles importantes sobre el agua.

Este detalle indica cuándo cepillar a Fede.

San Diego, 2 de marzo de 200...

Querida Tere:

Gracias por cuidar a mi gatito Fede cuando yo no esté. ¡Cuidar a Fede es muy fácil! A partir de mañana dale dos latitas de comida cada día. Hoy ya comió. Fede también necesita un bol con agua fresca todas las mañanas. Por favor, cepíllale el pelo cada dos días. Fede necesita mucho cariño; hazle mimos y dale un montón de abrazos. Estoy segura de que va a estar contento contigo.

Gracias por tu ayuda.

Sinceramente,

Cari

Tu turno

Puedes cuidar a un animalito tuyo
o de alguien que conoces.

Piensa en cómo cuidarías
a este animal.

Escribe una carta a un amigo diciéndole
cómo cuidar a esta mascota.

Control de escritura

✓ Mi escrito explica cómo cuidar a un animal.

✓ Mi carta está organizada y explica las cosas
en el orden que hay que hacerlas.

✓ Puse detalles importantes para que mi carta
sea clara para los lectores.

✓ Usé la puntuación correcta para una carta.
Usé bien el verbo irregular "estar".

Equipos sorprendentes

A platicar

¿Alguna vez viste
a gente o animales
trabajando juntos
de una manera
sorprendente?

Conéctate

Busca más información
sobre equipos
sorprendentes en
www.macmillanmh.com.

La fiesta de Tato

Ray Rémora

Mamá y yo planeamos una fiesta sorpresa para mi hermano Tato.

Primero, hicimos un **menú**, una la lista de la comida que serviríamos.

El plato principal era el favorito de Tato: ¡estofado de algas marinas!

Mamá me pidió que fuera a buscar lo que necesitábamos, así que nadé hasta la tienda *El velero*.

Antes de pagar revisé mis compras y vi que tenía todo, ¡**excepto** las algas marinas! Entonces, le pregunté a Ron Mantarraya si tenía algas.

—Sí, **ahora** mismo voy a buscarlas —dijo—. Son 20 monedas, por favor.

Le pagué y nadé a casa.

El día de la fiesta, cocinamos el estofado por varias horas. Antes de comenzar la fiesta, mamá y yo nos reunimos con los invitados en el arrecife para **armar** las mesas y adornarlas con hierbas marinas. Cuando Tato llegó gritamos: "¡sorpresa!"

La fiesta fue divertida. **Devoramos** el estofado, el resto de la comida e **incluso** las hierbas marinas. Comimos hasta que no quedó nada. ¡Tato dijo que fue la mejor sorpresa de su vida!

Volver a leer para **comprender**

Estructura del cuento
Fantasía y realidad

Las cosas que pasan en un cuento de fantasía no pasan en la vida real. Las cosas que pasan en una historia de la realidad sí pueden pasar en la vida real. Vuelve a leer el cuento y usa esta tabla para decidir si "La fiesta de Tato" es un cuento de fantasía o de la realidad.

Realidad	Fantasía

Género

Un cuento de **fantasía** tiene ambientes, personajes u otras cosas inventadas que no podrían existir en la vida real.

Estructura del cuento

Fantasía y realidad

Al leer, usa tu tabla de realidad y fantasía.

Realidad	Fantasía
¿Qué podría pasar?	¿Qué no podría pasar?

Lee para descubrir

¿Qué hacen los ratones en este cuento, que no pueden hacer en la vida real?

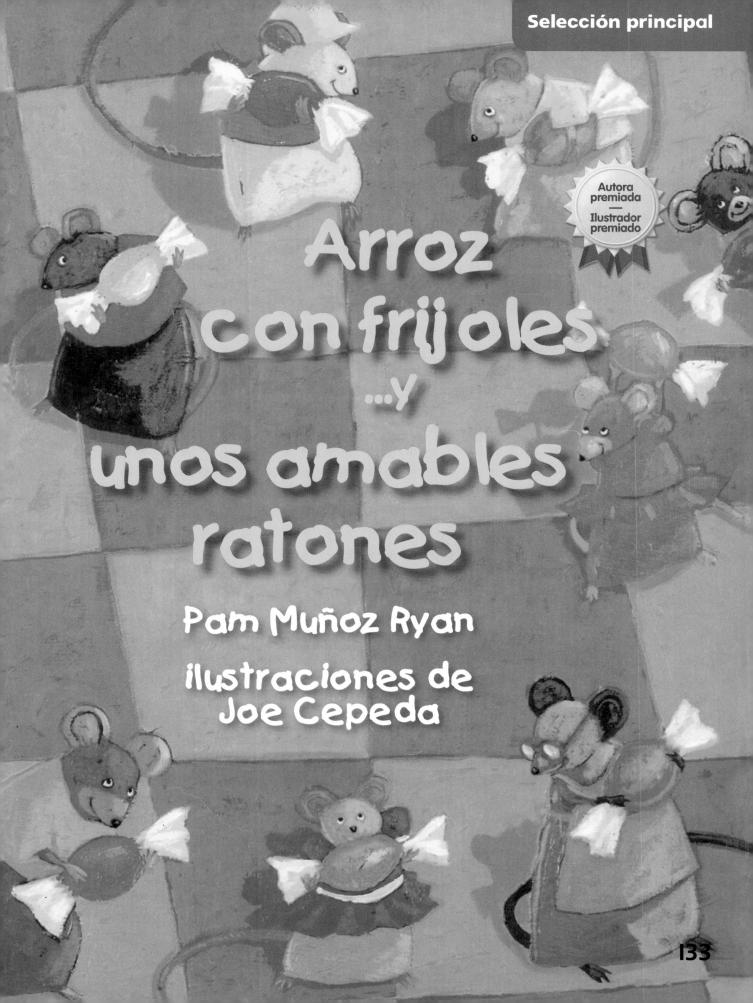

Arroz con frijoles ...y unos amables ratones

Pam Muñoz Ryan

ilustraciones de
Joe Cepeda

Autora premiada —
Ilustrador premiado

Rosa María vivía en una casa chiquita, con un patio chiquito. Sin embargo, tenía un gran corazón, una familia grande y, sobre todo, le encantaba preparar grandes comilonas para su familia.

Su nieta más pequeña, Catalina, cumpliría siete años la semana próxima y la familia en pleno invadiría su casita.

A Rosa María no le importaba porque creía lo que su mamá solía decir: "Si hay lugar en el corazón, hay lugar en la casa, **excepto** para un ratón".

El domingo, Rosa María preparó el **menú**: enchiladas, arroz con frijoles (¡no había comida completa sin arroz con frijoles!), torta de cumpleaños, limonada y una piñata llena de caramelos.

Compró el regalo de cumpleaños: algo que la pequeña Catalina deseaba desde hacía tiempo.

Muy satisfecha con su plan, limpió debajo de la mesa para que no aparecieran ratones y, por si acaso, sacó una ratonera. Estaba segura de que había puesto una la noche anterior, pero **ahora** no la podía encontrar. Quizás se había olvidado.

Cuando la trampa estuvo preparada, con el resorte listo para **saltar**, apagó la luz y se fue a dormir.

El lunes, Rosa María lavó la ropa. Lavó y planchó el mantel más grande y las veinticuatro servilletas del juego, pero cuando terminó, solamente había veintitrés.

"No importa" se dijo. "¿Qué importa si alguien tiene una servilleta que no hace juego? Lo importante es que estemos juntos."

Después de cenar, barrió el suelo y fue a revisar la ratonera.

Pero no estaba ahí.

"¿No puse una anoche?", se preguntó.

Corrió a la alacena a buscar otra y cuando estuvo preparada, con el resorte listo para **saltar**, apagó la luz y se fue a dormir.

El martes, Rosa María fue al mercado.

Llenó su enorme bolsa con tortillas, queso, salsa picante, arroz blanco, frijoles pintos y una bolsa de caramelos. Compró una piñata y, de camino a casa, se detuvo en la pastelería para reservar la torta.

Después de cenar, lavó los platos y fue a revisar la ratonera.

Pero no había nada.

"¡Qué boba soy! ¡Seguramente me olvidé otra vez!"

Corrió a la alacena para buscar otra y cuando estuvo preparada, con el resorte listo para **saltar,** apagó la luz y se fue a dormir.

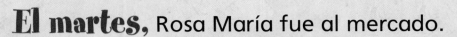

Fantasía y realidad
¿Qué pistas te dan las ilustraciones de que este cuento es una fantasía?

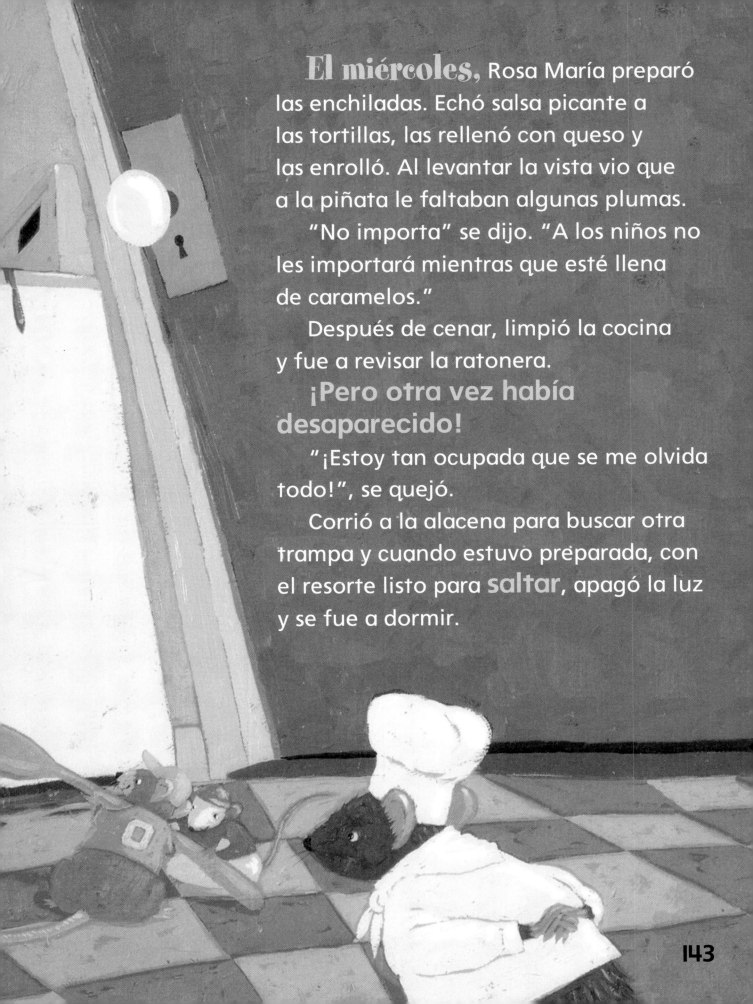

El miércoles, Rosa María preparó las enchiladas. Echó salsa picante a las tortillas, las rellenó con queso y las enrolló. Al levantar la vista vio que a la piñata le faltaban algunas plumas.

"No importa" se dijo. "A los niños no les importará mientras que esté llena de caramelos."

Después de cenar, limpió la cocina y fue a revisar la ratonera.

¡Pero otra vez había desaparecido!

"¡Estoy tan ocupada que se me olvida todo!", se quejó.

Corrió a la alacena para buscar otra trampa y cuando estuvo preparada, con el resorte listo para saltar, apagó la luz y se fue a dormir.

El jueves, Rosa María cocinó los frijoles. Buscó su cuchara de palo favorita, la que siempre utilizaba para cocinar los frijoles, pero no la encontró.

"No importa" se dijo. "Los frijoles sabrán igual de bien aunque use otra cuchara."

Añadió agua durante todo el día hasta que los frijoles estuvieron blandos y suaves. Después limpió la cocina y fue a revisar la ratonera.

¡Pero no estaba por ningún lado!

"¡Cielos! ¿Dónde tengo la cabeza?", se dijo.

Corrió a la alacena para ir a buscar otra y cuando estuvo preparada, con el resorte listo para **saltar**, apagó la luz y se fue a dormir.

El viernes, Rosa María fue a recoger la torta y las siete velas, pero no pudo encontrar su bolsa grande antes de salir.

"No importa" se dijo. "Traeré la torta en una mano y las velas en la otra."

Mañana era el gran día. Rosa María sabía que no podía olvidar nada, así que revisó la lista cuidadosamente una vez más.

Después de cenar, cubrió la torta y fue a revisar la ratonera.

No podía creer lo que veían sus ojos.
¡La ratonera no estaba!

"Menos mal que tengo ratoneras de sobra."

Corrió a la alacena para buscar otra y cuando estuvo preparada, con el resorte listo para **saltar**, apagó la luz y se fue a dormir.

El sábado, Rosa María cocinó el arroz.
Mientras los empleados **armaban** el regalo
de la pequeña Catalina, ella puso la mesa
y exprimió los limones más jugosos de su árbol.

"Veamos —dijo muy orgullosa—: Enchiladas,
arroz con frijoles (¡no había comida completa
sin arroz con frijoles!), torta de cumpleaños y
limonada. Sé que me he olvidado de algo, pero
no sé de qué. **¡Las velas!**"

Pero solamente contó seis.

"No importa" se dijo. "Colocaré las seis velas
en forma de siete y la pequeña Catalina estará
igual de feliz. **Ahora** sí que está todo listo."

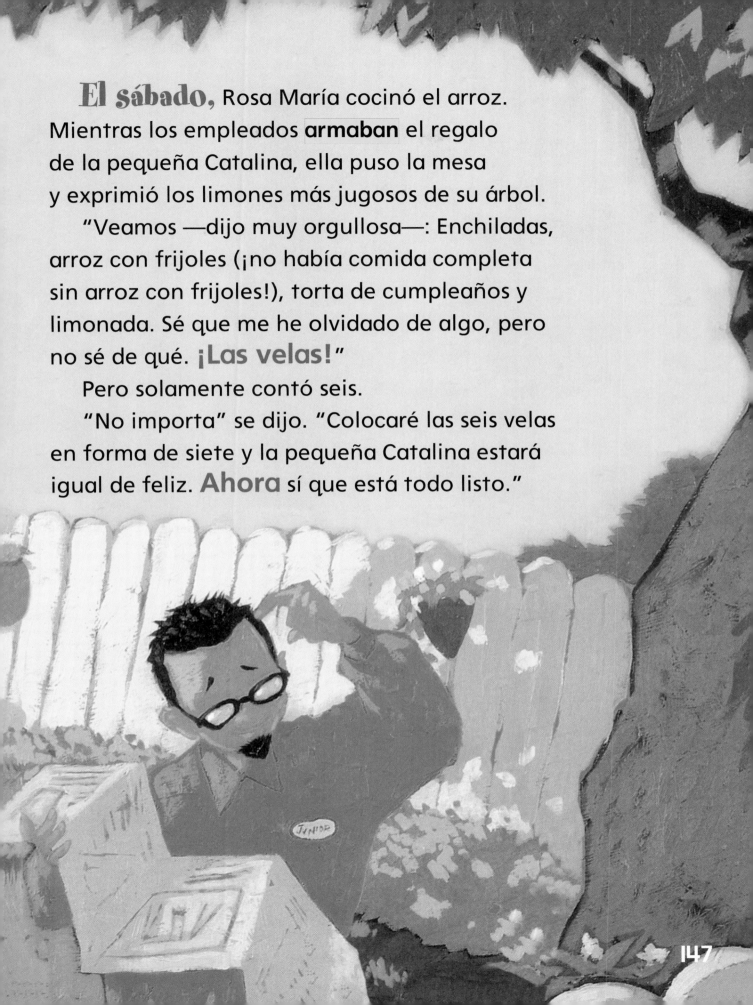

ARROZ

COLUMPIO

RECOGER TORTA

RELLENAR PIÑATA

CERVILLETAS

¿Pero estaba TODO listo?

Fantasía y realidad
¿Cómo crees que se resolverá el problema? ¿Puede suceder esto en la vida real?

Esa tarde, toda la familia de Rosa María inundó su pequeña casita. Comieron las enchiladas y el arroz con frijoles. Acabaron la limonada y **devoraron** toda la torta.

A la pequeña Catalina le encantó su regalo: ¡un columpio!

Cuando todos los primos lo habían probado, empezaron a gritar: "¡La piñata, la piñata!". Corrieron hasta el nogal y lanzaron una cuerda sobre una rama alta.

¡**Zas! ¡Zas!** La pequeña Catalina trataba de darle con el palo a la piñata.

—¡Esperen! —gritó Rosa María al recordar lo que había olvidado. Pero era demasiado tarde.

¡**Crack!** La piñata se rompió y los niños se precipitaron para recoger los caramelos.

¿Cómo podía ser? Rosa María estaba
admirada.

"¡La he debido llenar sin darme cuenta!"

Se rio por ser tan olvidadiza. Abrazó
a su nieta y le dijo:

—¡Feliz cumpleaños, mi pequeña Catalina!

Cuando todo el mundo se marchó, Rosa María empezó a limpiar la cocina y se puso a pensar, muy satisfecha, en la fiesta. Vio de nuevo la cara alegre de Catalina cuando los caramelos cayeron de la piñata, pero Rosa María todavía no podía recordar cuándo la había llenado.

"No importa" se dijo. "Ha sido un día maravilloso."

Pero cuando Rosa María fue a limpiar la alacena, ¡descubrió rastros de ratones!

—**¡Ratones!** —gritó—. ¿Dónde están las ratoneras? ¡Las pondré todas!

Se agachó y, al hacerlo, algo llamó su atención. Se acercó un poco más.

"Quizás yo **no** llené la piñata", pensó.

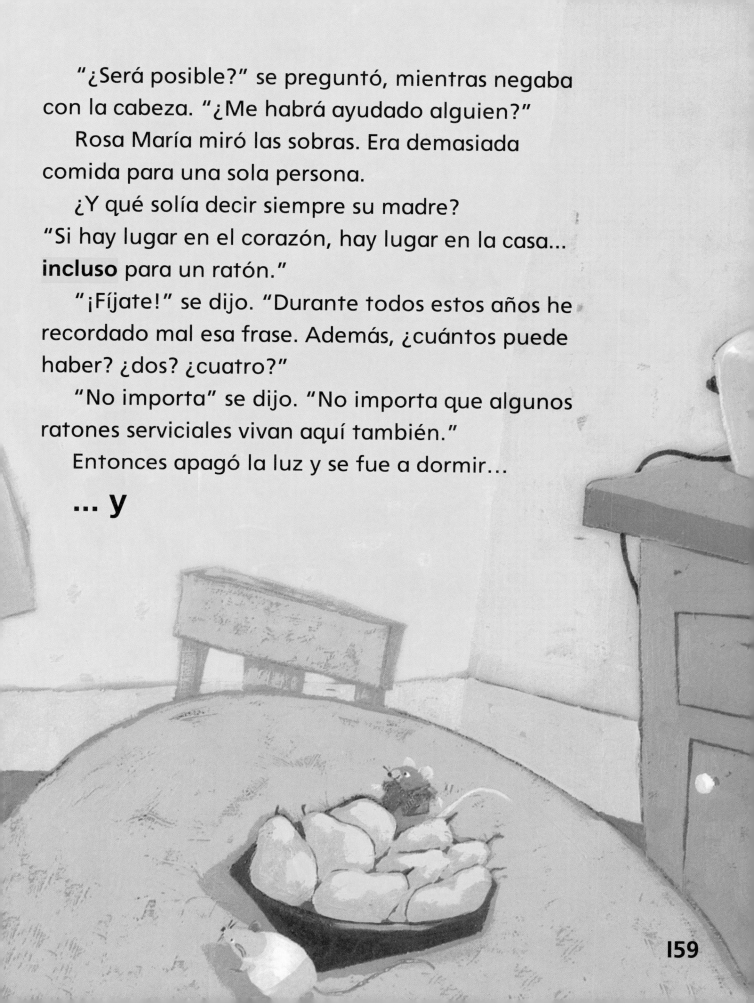

"¿Será posible?" se preguntó, mientras negaba con la cabeza. "¿Me habrá ayudado alguien?"

Rosa María miró las sobras. Era demasiada comida para una sola persona.

¿Y qué solía decir siempre su madre? "Si hay lugar en el corazón, hay lugar en la casa... **incluso** para un ratón."

"¡Fíjate!" se dijo. "Durante todos estos años he recordado mal esa frase. Además, ¿cuántos puede haber? ¿dos? ¿cuatro?"

"No importa" se dijo. "No importa que algunos ratones serviciales vivan aquí también."

Entonces apagó la luz y se fue a dormir...

... y

nunca más
volvió
a poner
una ratonera.

Celebremos con Joe Cepeda

Joe Cepeda dice que muchas fiestas de su infancia se parecían a la de este cuento. Joe siempre consigue una piñata especial para las fiestas de su hijo. Hasta hizo un palo de piñata pintado a mano y espera que esto se convierta en una tradición familiar.

Joe ganó muchos premios por *Arroz con frijoles... y unos amables ratones*. Ha ilustrado más de 15 libros para niños. También hace ilustraciones para revistas, diarios y negocios.

Otros libros ilustrados por Joe Cepeda

Conéctate — Busca información sobre Joe Cepeda en **www.macmillanmh.com**.

Propósito del autor

Joe Cepeda nos entretiene mostrándonos cómo son las fiestas de su familia ¿Qué tradiciones tiene tu familia? Escribe sobre las cosas que hacen juntos.

Pensamiento crítico

Volver a contar

Usa las tarjetas para
volver a contar el cuento.

**Tarjetas
Cuéntalo otra vez**

Pensar y comparar

1. ¿Qué partes de este cuento
podrían suceder en la vida real?
¿Cuáles no? ¿Cómo lo sabes?
**Estructura del cuento:
Fantasía y realidad**

Realidad	Fantasía
¿Qué podría pasar?	¿Qué no podría pasar?

2. Vuelve a mirar los dibujos de las páginas 136-145.
¿Cómo te muestran las ilustraciones que Rosa
María realmente no está olvidando ni perdiendo
las cosas? **Analizar**

3. Describe los **menús** o cosas especiales que se
preparan y se hacen en las reuniones de tu
familia. **Analizar**

4. ¿Por qué crees que a algunas personas les gusta
celebrar con fiestas? **Evaluar**

5. Compara "La fiesta de Tato" de las páginas
130 y 131, y *Arroz con frijoles… y unos
amables ratones*. ¿Qué tienen las dos
fiestas en común? **Leer/Escribir
para comparar textos**

Las recetas son un tipo de artículos de no ficción que te dicen cómo preparar una comida o una bebida.

Elemento del texto
Las instrucciones escritas te explican paso a paso cómo hacer algo.

Palabras clave
líquido
sólido
gas

Nota de seguridad
Pide ayuda a un adulto para hacer esta receta.

El arroz con frijoles de Rosa María

Cuando cocinas, sueles mezclar **sólidos** y **líquidos**, como harina y agua. Cuando la cocinas, la materia pasa por diferentes estados. Al calentarlos, algunos sólidos pueden quedar de color café. Otros sólidos pueden quedar blandos o volverse líquidos. Si calientas un líquido el tiempo suficiente, puedes hacerlo hervir y su estado cambiará a otro estado de la materia: el **gas**.

En esta receta mezclarás líquidos y sólidos.

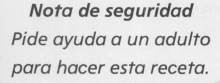

Arroz

2 cucharadas de aceite vegetal

$\frac{1}{3}$ taza de cebolla picada

$\frac{1}{3}$ taza de pimiento picado

$1\frac{1}{2}$ tazas de arroz blanco de grano largo

1 lata de $14\frac{1}{2}$ onzas de caldo de pollo o de verduras

$\frac{1}{4}$ taza de salsa de tomate mezclada con $1\frac{1}{2}$ taza de agua

1. Pon el aceite en una sartén grande.

2. Añade la cebolla, el pimiento y el arroz y sofríelos a fuego mediano hasta que el arroz quede ligeramente tostado.

3. Añade el caldo y la salsa de tomate con agua. Espera hasta que hierva.

4. Tápalo y baja el fuego.

5. Cocina a fuego muy lento durante 20-25 minutos o hasta que se absorba toda el agua. No revuelvas el arroz mientras se esté cocinando. Si lo haces, quedará demasiado blando.

6. Retíralo del fuego y déjalo reposar durante cinco minutos. Luego, sepáralo con cuidado con un tenedor.

Frijoles

1 bolsa de 16 onzas de frijoles pintos secos

1 cebolla grande picada

4 dientes de ajo, picados

2 latas de $14\frac{1}{2}$ onzas de caldo de pollo
o de verduras

2 latas de $14\frac{1}{2}$ onzas de agua
sal y pimienta al gusto

1. Lava los frijoles y ponlos en remojo,
   según las instrucciones que vienen en la bolsa.

2. Cuélalos.

3. Pon los frijoles, la cebolla, el ajo y el agua en una olla
   grande. Pon la olla al fuego hasta
   que hierva.

4. Baja el fuego y deja cocinar a
   fuego lento de $2\frac{1}{2}$ a 3 horas,
   revolviendo con frecuencia,
   hasta que los frijoles estén
   hinchados y blandos.

¿Sólido, líquido o gas?

La misma materia puede pasar por tres diferentes estados: sólido, líquido o gaseoso.

1. Un sólido siempre tiene forma y tamaño. El hielo es un sólido que al descongelarse se vuelve agua.

2. El líquido ocupa espacio, pero no tiene forma propia. Toma la forma del objeto que lo contiene. El agua es un líquido.

3. El gas no ocupa espacio ni tiene forma. El vapor es un gas. Cuando el agua hierve se vuelve gas.

✔ Pensamiento crítico

1. ¿Qué tienes que hacerle a los frijoles mientras hierven a fuego lento? **Instrucciones escritas**

2. Piensa en la receta, y en *Arroz con frijoles… y unos amables ratones*. Escribe un menú que incluya la comida que te gustaría encontrar en una fiesta. **Leer/Escribir para comparar textos**

 Ciencias

Piensa en tu comida favorita. Escribe sobre los sólidos, líquidos o gases en esa comida.

> Conéctate Busca más información sobre los diferentes estados de la materia en **www.macmillanmh.com.**

Conexión: Lectura y escritura

Uso la palabra <u>anual</u> para decir cuán a menudo se hace este evento.

Uso palabras variadas para describir el evento.

Día de campo de la escuela

El día anual de campo de la escuela Elemental Washington será el 18 de junio.

Vengan a disfrutar de un día lleno de diversión y riquísima comida. Empieza a la una de la tarde en la cancha de fútbol de la escuela.

Este evento es para todos los alumnos y sus familias. Participen en carreras de embolsados, guerras de bombas de agua y carreras de obstáculos. Después de los juegos hay un picnic. ¡No se lo pierdan!

Para más información, hablen con la Sra. Calli.

Tu turno

Un cartel o un volante pueden dar
información sobre un evento.

Piensa en algún evento
de tu escuela o comunidad.

Escribe un anuncio sobre este
evento.

Control de escritura

✓ Mi escrito claramente anuncia un evento.

✓ Digo lo que va a pasar en este evento y
dónde es.

☐ Uso palabras variadas para que mi anuncio
sea claro e interesante.

✓ Uso punto y aparte para separar los párrafos,
y punto y seguido después de las oraciones
que están relacionadas.

Pollito Chiquito

Una mañana, Pollito Chiquito iba por el bosque. **¡TOC!** Una bellota le cayó en la cabeza.

Pollito Chiquito dijo "¡El cielo se está cayendo! ¡Le tengo que avisar a la reina!" y se llevó la bellota como prueba.

No llegó muy lejos cuando **¡PUM!** se topó con la Gallina Lina. Pollito Chiquito exclamó: "¡El cielo se está cayendo! ¡Hay que avisarle a la reina!"

Pollito Chiquito y Gallina Lina corrieron. No llegaron muy lejos cuando **¡PUM!** Se toparon con Pato Rato. Pollito Chiquito y Gallina Lina exclamaron: "¡El cielo se está cayendo! ¡Hay que avisarle a la reina!"

Pollito Chiquito, Gallina Lina y Pato Rato corrieron. No llegaron muy lejos cuando **¡ñiiic!** tuvieron que frenar de golpe. Frente a ellos apareció el Zorro Gorro.

El Zorro Gorro sonrió mostrando sus dientes filosos y dijo: –Buenas, ¿por qué tanta prisa?

Pollito Chiquito exclamó: –¡El cielo se está cayendo! ¡Hay que avisarle a la reina!

El Zorro Gorro sonrió todavía más y dijo, muy astuto: –Bueno, yo los llevaré con la reina.

Pollito Chiquito, Gallina Lina y Pato Rato siguieron a Zorro Gorro. El tramposo zorro los llevó derechito a su casa. Pero antes de que pudiera comérselos, oyó que la reina se acercaba. Zorro Gorro le tenía miedo a la reina. Y se fue corriendo muy, muy lejos.

Pollito Chiquito, Gallina Lina y Pato Rato le dijeron a la reina que el cielo se estaba cayendo. Pollito Chiquito le mostró la bellota.

–El cielo no se está cayendo, animales zonzos. Esa bellota cayó de un árbol. Váyanse a casa y no se preocupen más por el cielo.

Los tres amigos se fueron a casa e hicieron eso mismo.

Conejo Tontuelo Temeroso

Conejo Tontuelo Temeroso estaba sentado bajo un cocotero. Miró a su alrededor con miedo y dijo: "¿Qué me pasaría si el mundo se cayera a pedazos?"

¡PUM! Un coco cayó justo atrás de Conejo.

Conejo gritó: "¡El mundo se cae a pedazos!" Y se fue saltando, gritando muy fuerte.

Al poco tiempo lo vio otro conejo.

—¿Por qué gritas? —le preguntó.

—¡El mundo se cae a pedazos! —dijo Conejo chillando. Y se fue saltando, gritando aun más fuerte.

Muy pronto se corrió la voz de un conejo a otro. En seguida todos los animales del bosque sabían la escalofriante noticia. Ciervo le contó a Búfalo. Búfalo le contó a Rinoceronte. Rinoceronte le contó a Elefante. Ahora todos los animales corrían y gritaban.

De pronto, León salió despacio de su cueva y dijo: –Esperen un momento amigos, ¿por qué corren tanto?

–¡El mundo se rompe! –gritó Conejo–. Yo escuché caer el primer pedazo.

León movió la cabeza con aire sabio.

–Muéstrame dónde cayó –dijo.

Conejo llevó a León hasta el cocotero.

León se rió cuando vio el coco en el suelo y le dijo: –Conejo, sólo escuchaste caer un coco. No asustes a los demás animales con tus tonterías.

–Conejo, nos asustaste –lo regañaron los otros animales–. Si no fuera por el sabio León, seguiríamos corriendo y escapándonos toda la vida.

Comprensión

Verificar la comprensión

- Para verificar la comprensión, un buen lector relee, adelanta la lectura, disminuye el ritmo de lectura y hace correcciones. Así entiende mejor lo que lee e identifica datos importantes en el texto.

- Explica por qué releer las páginas 27 y 28 de "La carrera del sapo y el venado" te ayuda a descubrir cuál es la lección que enseña el cuento folclórico. Usa detalles del cuento para respaldar tu respuesta.

Escritura

Escribe una carta amistosa

- Escribe una carta a un amigo sobre un cuento que hayas escrito para un proyecto de la clase. Menciona detalles de tu cuento. No olvides incluir la fecha, el saludo y la despedida.

Estudio de las palabras

Fonética

Hiatos y diptongos

- Di estas palabras en voz alta: *koala, aire, luego, europeo, viento, sauce, liana, ahora, precioso, cualquiera, rey, cuidar, ciudad.* Luego, cópialas en una hoja aparte y sepáralas en sílabas. Por último, vuelve a leer las palabras.

Ortografía

- Repasa las siguientes palabras: *guante, honrar, comida, champú, verdad, redondo, césped, abuela, también, mercado.* Sepáralas en dos conjuntos: palabras graves y palabras agudas.

- En una hoja aparte, escribe cinco preguntas. Cada pregunta debe tener una respuesta que incluya una de las palabras graves. Luego, intercambia hojas con un compañero y pídele que responda las preguntas y subraye la palabra grave en su respuesta.

La gran pregunta

¿Cómo cambian los animales y las plantas a medida que crecen?

Conéctate

Busca más información sobre cómo cambian los animales y plantas a medida que crecen en **www.macmillanmh.com**.

177

¿Cómo cambian los animales y las plantas a medida que crecen?

Los animales y las plantas tienen cambios a lo largo de la vida. Algunos animales bebés, como los gatos o los ositos, se parecen mucho a sus padres desde pequeños. Otros cambian mucho a medida que crecen, como las orugas, que se transforman en mariposas. Las plantas también cambian cuando crecen. Algunas comienzan como semillas. De las semillas salen raíces que se meten en la tierra y tallos que crecen para arriba. De estos tallos salen hojas, y luego flores, que contienen nuevas semillas de las que nacerán otras plantas.

Aprender sobre los animales y las plantas te ayudará a cuidarlos mejor y a comprender la naturaleza que está a tu alrededor.

Actividad de investigación

A lo largo de la unidad, te vas a ir informando sobre plantas y animales. Elige una planta o animal para enfocar tu investigación y crea un folleto del ciclo de vida de ese animal o planta.

Anota lo que aprendes

A medida que leas, anota lo que vas aprendiendo sobre animales y plantas y cómo cambian a medida que crecen. Usa un boletín con dos bolsillos para organizar lo que aprendes. En el bolsillo izquierdo, escribe "Plantas". En el de la derecha, escribe "Animales". Cada semana, escribe en tarjetas lo que aprendas y ponlas en la sección correspondiente.

Taller de investigación

Haz la investigación de la Unidad 5 con:

Guía de investigación
Sigue la guía paso a paso para hacer tu investigación.

Recursos en Internet
- Buscador por temas y otras herramientas de investigación
- Videos y excursiones virtuales
- Fotos y dibujos para presentaciones
- Artículos y recursos relacionados en Internet

Busca más información en **www.macmillanmh.com.**

TEXAS Gente y lugares

Ned Fritz, ambientalista
Edward "Ned" Fritz es ambientalista. Ha colaborado en la formación de numerosos grupos que se dedican a salvar bosques y especies en peligro de extinción.

Busca más información
sobre plantas en
www.macmillanmh.com.

A platicar

¿Cómo cambian las
plantas a medida
que crecen?

La vida de
las plantas

Las plantas del desierto

✔ Vocabulario

- sofocante
- sublime
- brotar
- germinar
- vereda
- trecho

✔ Claves de contexto

Las claves de contexto te ayudan a entender una palabra que no conoces.

Luis va a la escuela caminando. El *trecho* es corto porque vive cerca.

¿Cómo viven las plantas en el desierto? Vayamos a observarlas.

Prepárate para el calor. Protégete del sol y lleva agua. Caminar por el desierto es muy agotador. El calor es **sofocante** y a veces parece que no te deja respirar.

Hemos llegado. ¡Mira! ¡Qué bonita vista! Es más que bonita. ¡Es **sublime**! El desierto está lleno de flores. Los cactus están en flor. Y también hay otras plantas con flores de muchos colores.

Esas otras plantas **brotan** cuando llueve. Pero en el desierto llueve poco y algunas plantas no vuelven a salir en mucho tiempo. Las semillas que hay en la tierra necesitan agua para **germinar**. Con la lluvia se hinchan y empiezan a echar pequeñas raíces.

Caminemos por aquella **vereda**, por aquel caminito que se ve allá. ¡Cuidado! Los cactus están cubiertos de espinas. Por dentro sus hojas son como esponjas. Cuando llueve se llenan de agua y la guardan, así les dura hasta la próxima lluvia.

Caminemos un poco más. Sólo un **trecho** corto y luego volveremos a casa.

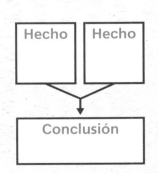

Volver a leer para **comprender**

⭐ **Resumir**

Sacar conclusiones

Resume este cuento informativo y usa lo que ya sabes de la vida real. Usa el cuento y la tabla para sacar conclusiones sobre cuál es una de las cosas más importantes para la vida de las plantas.

Hecho	Hecho

↓

Conclusión

Comprensión

Género
Un **cuento o poema informativo** nos da información sobre un tema.

✔ Resumir
Sacar conclusiones
Al leer, usa la tabla de conclusiones.

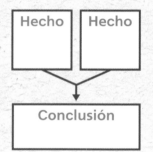

Lee para descubrir
¿Qué cosa inesperada sucederá con el flamboyán de este cuento?

El flamboyán amarillo

Autora premiada

Ilustradora premiada

Georgina Lázaro
ilustraciones de Lulu Delacre

Hace tiempo y no hace tanto,
unos años nada más,
fui a un paseo por el campo
de la mano de mamá.

Caminamos un buen rato,
la **vereda** se hizo trillo[1]
y allá, a lo lejos, lo vimos:
un flamboyán amarillo.

Atraídos por su oro
recorrimos largo **trecho**.
El monte se hizo más monte,
el camino más estrecho
y el paisaje más hermoso
que una obra de Murillo[2].
¡Era una visión tan bella…
un flamboyán amarillo!

[1]trillo: senda o caminito muy
estrecho, apenas marcado en
el suelo de tanto pasar

[2]Murillo: famoso pintor nacido
en Sevilla, España, en 1617

Merendamos a su sombra.
Hacía un calor **sofocante**.
Era pleno mes de junio,
lo recuerdo como antes.

Miré a mamita a la cara
y vi en sus ojos un brillo.
Sé que estaba enamorada
del flamboyán amarillo.

Mientras ella descansaba
yo me entretuve jugando,
y se me ocurrió una idea:
Así, corriendo y saltando,

recogí una semillita
y la puse en mi bolsillo.
Allí guardaba el comienzo
de un flamboyán amarillo.

Sacar conclusiones
¿Qué idea se le ocurrió
al niño? ¿Qué hará con
la semillita?

Cuando venía de regreso
yo le conté mi ocurrencia
y mi "primera maestra"
me dio una clase de ciencias.

Pero yo no podía oírla;
tenía en el alma un tordillo
que me cantaba canciones
del flamboyán amarillo.

Cuando llegamos a casa
colocamos la semilla
en una maceta grande,
muy bonita y muy sencilla.

La pusimos con cuidado
a la sombra, en los ladrillos.
¡Qué feliz nacería aquí
mi flamboyán amarillo!

Y de aquí en adelante
ejercicios de paciencia:
mucha agua, mucho sol...
siguió la clase de ciencias.

"Que nada le haga daño,
que no le dé gusanillo..."
para que **brotara** hermoso
mi flamboyán amarillo.

Un día mientras jugaba
convertido en carpintero
fabricando no sé qué,
ni me importa, ni recuerdo,

vi que había **germinado**
y me olvidé del martillo.
Tenía dos hojas pequeñas
mi flamboyán amarillo.

Y fue un momento **sublime**.
Sí, fue un momento especial.
Fue como abrazar la tierra.
Fue como el cielo besar.

Me acerqué a la eternidad
con un gesto tan sencillo;
ayudé en la creación
de un flamboyán amarillo.

Entonces pasaron meses.
Fue creciendo el arbolito.
Y cuando estuvo más fuerte,
en el momento preciso,

buscamos la carretilla,
la pala y hasta el rastrillo
para transplantar el árbol;
mi flamboyán amarillo.

Una noche en que soñaba
con mi árbol florecido,
con niños que le cantaban,
con tesoros escondidos...

"Tiene un secreto tu árbol",
cantando me dijo un grillo.
"Tiene un secreto tu árbol,
tu flamboyán amarillo".

199

Pasaron algunos años,
ya la cuenta la perdí.
Yo cuidaba de mi árbol,
mamá cuidaba de mí.

A él le salieron más ramas,
yo mudé hasta los colmillos.
Y crecimos, yo y mi árbol;
mi flamboyán amarillo.

Y otra mañana de junio,
tan bonita como aquélla,
mi vida se hizo jardín
y en él se posó una estrella
cuando vi por la ventana,
al pasar por el pasillo,
que había florecido el árbol,
mi flamboyán amarillo.

No había oro entre sus ramas.
Había coral, fuego, sangre,
como el amor que a mi tierra
me enseñó a darle mi madre.

Y entonces supe el secreto,
aquél del que me habló el grillo:

Sacar conclusiones
¿Cuál era el secreto del que le habló el grillo?

¡Había florecido rojo
mi flamboyán amarillo!

Georgina quiere que cuides la naturaleza

Georgina Lázaro es de Puerto Rico. En sus cuentos nos presenta a su familia y el paisaje de su tierra. Ella quiere que cuidemos la naturaleza, como hizo su hijo Jorge, el niño que plantó la semilla de flamboyán.

Otro libro escrito por Georgina Lázaro

Lulu Delacre es ilustradora y escritora. Antes de ilustrar *El flamboyán amarillo* visitó a la autora en su casa. Allí vio el árbol que plantó el niño del cuento. Lulú también es de Puerto Rico, pero vive en Estados Unidos.

Otro libro ilustrado por Lulu Delacre

Conéctate

Busca más información sobre Georgina Lázaro y Lulu Delacre en **www.macmillanmh.com.**

✔ Propósito de la autora

Georgina Lázaro quiere enseñar a sus lectores sobre la naturaleza. Piensa en una flor o un árbol. Describe cómo es y cómo crece.

Pensamiento crítico

Volver a contar

Usa las tarjetas para
volver a contar el cuento.

Tarjetas
Cuéntalo otra vez

Pensar y comparar

1. ¿Por qué **germinó** la semilla?
   Resumir: Sacar conclusiones

Hecho	Hecho

Conclusión

2. Vuelve a leer la página 189.
   Explica por qué el niño dice
   que en su bolsillo guardaba el
   comienzo de un flamboyán amarillo. **Analizar**

3. ¿Por qué crees que fue necesario sacar el
   flamboyán de la maceta y plantarlo en la tierra?
   Evaluar

4. ¿Te gustaría plantar un árbol? ¿Cómo lo harías?
   Sintetizar

5. Según lo que leíste en "Las plantas del desierto",
   páginas 182 y 183, ¿crees que en el desierto puede
   crecer un flamboyán amarillo? ¿Por qué?
   Leer/Escribir para comparar textos

Las partes de las plantas

Pilar Jacob

Una planta es un ser vivo. Usa sus partes para crecer de una pequeña **semilla** a una planta adulta. Cada parte ayuda a la planta a crecer sana. Las plantas también necesitan **luz solar**. Reciben la luz del sol y toman **minerales** de la tierra. Estas cosas ayudan a que la planta viva y crezca.

Flores
Las flores hacen semillas, de las que pueden crecer nuevas plantas.

Tallo
El tallo sostiene la planta. Hace subir el alimento y el agua desde las raíces hasta las demás partes de la planta.

Hojas
Las hojas usan la luz solar, el agua y el aire para hacer alimento.

Raíces
Las raíces de la planta crecen bajo el suelo. Fijan la planta y absorben el agua.

Fruto
Algunas plantas tienen frutos. El fruto crece alrededor de las semillas y las protege.

Semillas
De las semillas pueden crecer nuevas plantas.

Pensamiento crítico

1. ¿De qué dos maneras ayudan las raíces a que la planta viva? **Diagramas y rótulos**

2. Dibuja una planta como las que aparecen en *El flamboyán amarillo*. Rotula tu dibujo con los nombres de las partes de la planta. **Leer/Escribir para comparar textos**

 Ciencias

Investiga una planta que dé frutos. Haz un diagrama de esa planta y ponle un rótulo a cada parte.

 Busca más información sobre plantas en **www.macmillanmh.com.**

Conexión: Lectura **y** escritura

Detalles importantes

Los **detalles** pueden agregar información **importante** sobre cómo hacer algo.

Estos detalles dicen qué se necesita para este proyecto.

Estos pasos dan detalles de cómo cuidar bien las plantas.

Cómo cultivar pensamientos

Necesitas: semillas de pensamientos, una maceta con tierra y agua.

semillas de pensamientos   maceta con tierra   agua

1. Haz dos huecos de una pulgada de profundidad en la tierra.
2. Pon dos semillas en cada hueco y tápalas con tierra.
3. Recuerda lo que dice el jardinero "Los pensamientos necesitan sol".
4. Riégalas cada 3 ó 4 días, ¡ y verás cómo crecen tus plantitas!

Tu turno

Un cartel puede explicar cómo hacer algo.

Piensa en algo que sepas cómo se hace y quieras explicarlo a los demás.

Haz un cartel. Escribe los pasos necesarios. Haz dibujos con rótulos para mostrar qué se necesita.

Control de escritura

☑ Mi escrito explica cómo hacer algo.

☑ Pongo pasos numerados que indican las cosas que hay que hacer en orden.

☐ Pongo detalles importantes para que el lector sepa exactamente qué hacer.

☑ Escribo oraciones completas. Uso comillas para repetir lo que dice una persona. Uso raya de diálogo si hablan dos personas.

Huertas y jardines

¿Qué se puede plantar en una huerta o en un jardín? ¿Qué se necesita para hacerlo?

Conéctate

Busca más información sobre plantas de huerta y de jardín en **www.macmillanmh.com.**

213

✔ Vocabulario

- **revolotear**
- **parvada**
- **silvestre**
- **implorar**
- **preocuparse**
- **fracasar**

✔ Partes de las palabras

Los **prefijos** se ponen al principio de una palabra y le cambian el significado.

*re**volotear***: volar dando vueltas y vueltas.

*a**consejar***: dar consejo.

*pre**ocuparse***: pensar en un problema o interesarse por alguien.

Querido abuelo:

¡Al fin llegó la primavera! Por eso un grupo de vecinos empezó a limpiar el jardín comunitario.

Es la primera vez que papá, mamá y yo vamos a trabajar en el jardín. El señor que está encargado se llama Jim, él nos va a aconsejar qué hacer. ¡Nuestras plantas crecerán muy bonitas, y los pajaritos van a **revolotear** de felicidad entre las flores!

Primero tenemos que dar vuelta a la tierra. Después le haremos surcos, unas rayas no muy hondas, y ahí pondremos las semillas.

Cuando plantemos las semillas, vendrán muchas palomas. El señor Jim dice que una **parvada** de palomas se podría comer todas las semillas.

Cuando salgan las plantitas, también van a salir hierbas **silvestres**, unas plantas que nacen solas. Algunas no son buenas y hay que arrancarlas.

El señor Jim nos **implora** que nos acordemos de regar. Nos lo pide mucho porque **se preocupa** por el jardín; teme que pueda **fracasar** y secarse.

Yo quiero plantar girasoles. Te avisaré para que vengas a visitarnos cuando florezcan. Te quiero mucho, abuelo.

Tu nieta,
Jimenita

Volver a leer para **comprender**

✔ Resumir

Orden de los sucesos

Puedes resumir un texto diciendo las cosas más importantes en el orden en que suceden. Vuelve a leer la carta de Jimenita. Usa el diagrama para entender qué va a hacer ella al principio, después y al final.

Primero
Después
Al final

Comprensión

Género
Un **cuento informativo** da información sobre un tema.

Resumir
Orden de los sucesos
Al leer, usa este diagrama de orden de los sucesos.

Primero

↓

Después

↓

Al final

Lee para descubrir
¿Qué piensa de Juan la gente del pueblo al principio, en el medio y al final del cuento?

216

Los pájaros de la cosecha

Blanca López de Mariscal
ilustraciones de Enrique Flores

En un pueblecito donde toda la gente se conocía, vivía un joven que todos llamaban Juan Zanate. Lo llamaban así porque siempre estaba acompañado de uno o varios zanates.

A Juan le gustaba sentarse bajo un árbol y ponerse ahí a soñar y planear su vida. Él quería tener su propia tierra, como su padre y su abuelo. Pero cuando murió su padre, la pequeña tierra que se repartió sólo alcanzó para los dos hermanos mayores. Por eso Juan se vio obligado a trabajar haciendo muchos oficios en el pueblo.

"Si tan sólo tuviera mi propia tierra, mi vida sería tan diferente", pensaba Juan. Un día fue a ver a don Tobías, el rico del pueblo, y le pidió que le prestara un pequeño pedazo de tierra.

Don Tobías se echó a reír a carcajadas y su esposa se rió con él: —¿Por qué debiera darte tierra? Tú no sabes ni sembrar el campo.

Juan se retiró triste y molesto a la sombra de su árbol. Era el único lugar en que se encontraba realmente feliz. En las enormes ramas vivía una **parvada** de zanates que estaban tan acostumbrados a su presencia, que ya lo consideraban un amigo.

Había un zanate en especial que **se preocupaba** por Juan y quería que éste encontrara su camino en la vida. Estaba siempre muy cerca de Juan, se paraba en su hombro o en el ala de su sombrero. Juan lo llamaba Grajo.

Después de pensar y pensar por mucho tiempo, Juan decidió ir a platicar con el viejo del pueblo. "Los viejos, porque han vivido más, saben mucho", pensó. "Seguramente él me podrá aconsejar, y puede ser que hasta me dé su ayuda".

Juan saludó al viejo, al que todos llamaban Tata Chon, con respeto. "Tata" significa abuelo. El viejo se le quedó viendo por unos instantes y luego le preguntó: —¿Juan, vienes de estar sentado bajo tu árbol?

—Sí —contestó Juan, lleno de curiosidad—. Pero ¿cómo lo supo?

—Cuando vivas más, pequeño Juan, te darás cuenta de que observando, observando, uno llega a saber muchas cosas —respondió Tata Chon.

—Sí, ¿pero cómo lo supo? —insistió Juan—. Mi
árbol está muy lejos de aquí.

—Fíjate en tu sombrero Juan. Bien se nota que
los zanates han estado **revoloteando** encima de
ti —Tata Chon echó a reír, sólo que esta vez la
risa no era de burla, como la de don Tobías
y su esposa, sino que era una risa de amistad.

Al darse cuenta Juan del buen humor del abuelo, se atrevió a pedirle un pedazo de tierra: —Déjeme que le demuestre que yo puedo ser un buen campesino y cultivar la tierra —le **imploró** Juan.

Tata Chon se puso serio: — Te voy a ayudar —le dijo el viejo—. Te voy a prestar la tierra pero con una condición: si **fracasas**, me vas a pagar con trabajo el tiempo que ocupes mi terreno.

Juan corrió de gusto, gritando la noticia. Pero en vez de compartir su alegría, la gente se burló de él.

—¡Mejor ven a arreglar mi taller, porque donde tú siembres ni flores del campo se van a dar! —le gritó el carpintero.

—¡No pierdas el tiempo Juan, y ven a trabajar en esta rueda! —le dijo el herrero.

—¡Ayúdame con estos sacos de harina, y deja ya de soñar! —le ordenó el panadero.

Juan decidió que lo que pensaran los demás no lo iba a detener. "Llegó el momento de ponerme a trabajar", se dijo. Así empezó a preparar el terreno para cultivarlo. Era muy pequeño y no daba muchas esperanzas de una gran cosecha. Pero Juan siguió trabajando acompañado de sus inseparables amigos, los zanates.

"Mi cabeza también es pequeña y en ella caben muchos sueños", pensó Juan.

Como Juan necesitaba semillas para plantar y no tenía dinero para comprarlas, fue a ver al tendero y le pidió algunas semillas fiadas.

—Juan, barre los granos de maíz, los frijoles y las semillas de calabaza que han caído al suelo y dáselas a mis puercos. Y si te sirven algunas de estas semillas, te las puedes llevar.

Juan estaba feliz pues ya tenía semillas para plantar. No corrió a los zanates como lo hace la mayoría de los campesinos. En vez de eso, decidió apartar algunas de las semillas que sobraron para que los zanates tuvieran qué comer y no se robaran las que estaba plantando en los surcos. Después de todo, los zanates eran sus amigos y sus acompañantes, y Juan se preocupaba mucho por ellos. Grajo, que estaba siempre junto a Juan, le daba consejos con su áspera voz.

Pasaron los días y los zanates guiaban la labor de Juan. Cuando empezaron a salir las pequeñas plantas y con ellas los brotes de hierbas **silvestres**, los zanates le dijeron a Juan que no las arrancara ni las tirara a la basura como lo hacían los otros campesinos.

—Siémbralas en los bordes del terreno —le dijeron los zanates.

Cuando los otros campesinos supieron lo que Juan hacía, se burlaron de él: —¡Qué locura, dejar crecer hierba silvestre en la parcela!

Orden de los sucesos
Describe qué pasó desde el principio del cuento hasta ahora.

Cuando se llegó el tiempo de la cosecha, todos esperaban burlarse de Juan una vez más. Todos estaban seguros de que él iba a fracasar. Pero cuando Juan llegó al pueblo todos quedaron maravillados. En su cargamento Juan traía una magnífica cosecha: enormes mazorcas, calabazas de colores brillantes y apetitosos frijoles.

¿Cómo lo había logrado? —todos querían saber.
Juan se sonrió y respondió: —Con la ayuda de
mis amigos los zanates, los pájaros de la cosecha;
observando, observando, he sabido escuchar la voz de
la naturaleza.

—¡Trabaja conmigo Juan! —decían todos a
voces—. ¡Enséñanos tus secretos!

—No —contestó el viejo—, Juan ya no
trabajará para nadie, porque le voy a regalar el
terreno que cosechó.

Después de vender toda la cosecha a muy buen precio, Juan y Tata Chon caminaron hacia la parcela que ahora era de Juan. El abuelo le preguntó a Juan por su secreto.

—Los zanates me enseñaron que todas las plantas son como hermanos y hermanas —replicó Juan—. Si uno las aparta, se ponen tristes y no crecen fuertes y sanas. Pero si uno las respeta y las deja juntas, crecen muy felices y contentas.

Orden de los sucesos
Describe qué pasos siguió
Juan para cultivar su terreno.

Aprende de la gente del campo

Blanca López de Mariscal es una maestra de Monterrey, México. Estudió historia y literatura del México antiguo, especialmente las tradiciones orales. A Blanca le gusta investigar el pasado. "Los pájaros de la cosecha" es un cuento folclórico del sur de México. Ella cree que la gente que vive en las ciudades puede aprender mucho de la gente del campo.

El pintor Enrique Flores es de Huitzo, un pequeño pueblo del sur de México, cerca de Oaxaca. Él mismo construyó su taller de pintura sobre una colina. Desde allí ve volar los zanates sobre los campos donde los campesinos como Juan siembran maíz.

Conéctate ▶ Busca más información sobre Blanca López de Mariscal y Enrique Flores en **www.macmillanmh.com**.

✔ Propósito de la autora

Blanca escribió sobre un joven que siguió los consejos de alguien. Piensa en una vez en que seguiste un consejo. Escribe qué pasó y si te sirvió el consejo.

Pensamiento crítico

Volver a contar

Usa las tarjetas para
volver a contar el cuento.

Tarjetas
Cuéntalo otra vez

Pensar y comparar

1. Describe en orden las cosas que hizo
   Juan para obtener una gran cosecha.
   Resumir: Orden de los sucesos

Primero
↓
Después
↓
Al final

2. Vuelve a leer las páginas 232 y 233.
   ¿Por qué ahora la gente del pueblo
   está tan interesada en Juan? **Evaluar**

3. ¿Alguna vez has visto plantas **silvestres**? ¿Dónde
   las viste? ¿Cómo eran? **Aplicar**

4. ¿Por qué la gente del pueblo creía que la cosecha
   de Juan iba a fracasar? **Analizar**

5. En qué se parecen Juan Zanate y la niña de
   "Jardines comunitarios" de las páginas 214 y
   215? ¿En qué se diferencian? **Leer/Escribir para
   comparar textos**

Género
La **no ficción** da información y datos sobre un tema.

Elemento del texto
Las **instrucciones escritas**, como las de una receta, explican cómo hacer algo paso a paso.

Palabras clave
ingrediente
instrucciones
combinar

Sopas
de todo el mundo

La gente en todo el mundo toma diferentes clases de sopa. Las sopas se diferencian por sus **ingredientes**.

Casi siempre la gente cocina alimentos que crecen cerca de donde vive. Estas recetas son para dos sopas de dos diferentes culturas. La sopa de milpa lleva maíz y flor de calabaza. Estos ingredientes se cosechan en México. La sopa africana de cacahuates está hecha con ingredientes que vienen de África.

Sopa de milpa

Ingredientes

2 cucharadas de mantequilla

$\frac{1}{2}$ cebolla, picada

1 pimiento verde, picado

1 taza de flor de calabaza

1 paquete de 10 onzas de maíz congelado

5 tazas de caldo de pollo

1 pechuga de pollo cocida

Instrucciones

1. En una olla grande, calienta la mantequilla a fuego lento.

2. Cuando la mantequilla se derrita, agrega la cebolla y el pimiento.

3. Tapa la olla y cocina la cebolla y el pimiento hasta que estén blandos.

4. Mientras los vegetales se cocinan, lava y pica la flor de calabaza.

5. Agrega la flor, el maíz y el caldo de pollo a la olla.

6. Pon a hervir la sopa por unos 10 minutos.

7. Corta el pollo en trocitos y añádelos a la sopa. Deja que hierva por un minuto más.

Sopa africana de cacahuates

Ingredientes

2 cucharadas de aceite de oliva

1 cebolla grande, picada

2 pimientos rojos, picados

3 dientes de ajo, picados muy fino

1 lata de 28 onzas de tomates machacados

8 tazas de caldo de verduras

$\frac{1}{4}$ cucharadita de pimienta

$\frac{2}{3}$ taza de mantequilla de cacahuate

$\frac{1}{2}$ taza de arroz

Instrucciones

1. Pon el aceite en una olla grande. Caliéntalo a fuego medio.

2. **Combina** la cebolla y los pimientos en la olla. Cocínalos hasta que estén tiernos y se empiecen a dorar.

3. Agrega el ajo, los tomates, el caldo de verduras y la pimienta, y revuelve.

4. Cocina la sopa a fuego lento durante 30 minutos.

Nota de seguridad: No cocines ni hornees solo. Siempre pide que un adulto te ayude en la cocina.

5. Agrega el arroz y revuelve. Deja cocer la sopa de 15 a 20 minutos más.

6. Agrega la mantequilla de cacahuate y revuelve. Cuando se haya mezclado bien, la sopa está lista para servir.

 Pensamiento crítico

1. Cuando haces sopa de milpa, ¿qué haces después de derretir la mantequilla? **Instrucciones escritas**

2. Piensa en estas recetas y en el cuento *Los pájaros de la cosecha*. ¿Cuál de las dos sopas podría hacer Juan con los ingredientes que él cultivó? **Leer/Escribir para comparar textos**

 Ciencias

Investiga un vegetal que se use en una de las dos sopas. Escribe las instrucciones que digan cómo cultivar y cuidar esa planta.

Busca información sobre vegetales en **www.macmillanmh.com.**

Conexión: Lectura y escritura

Escritura

Orden de los sucesos

Los buenos escritores usan el **orden de los sucesos** para mostrar en orden lo que sucede en una historia.

Al comienzo, digo lo primero que pasó.

Al final, digo lo último que pasó en mi historia.

El proyecto del jardín
Lydia P.

Estaba trabajando en el jardín con mi mamá cuando me acordé de mi proyecto de ciencias. —¡Oh! Necesito hacer mi proyecto de ciencias —le dije—. Tengo que entregarlo la semana próxima.

—¿Por qué no lo piensas mientras riegas el jardín? —dijo mamá.

A mí me pareció una buena idea. Miré las plantas en cada fila. Noté que habían crecido desde que las plantamos.

Corrí a ver a mi mamá y le dije:

—¡Ya tengo una idea para mi proyecto! ¡Voy a mostrar diferentes semillas y cómo es cada planta cuando crece!

Tu turno

Un jardín puede ser un ambiente
interesante para un cuento.

Piensa en algún jardín
real o imaginario.

Escribe un cuento que suceda en
ese jardín.

Control de escritura

✓ Lo que escribí narra claramente una historia
que sucede en un jardín.

☑ El **orden de los sucesos** es claro y tiene
sentido lo que pasa al principio, en el medio
y al final.

✓ Usé detalles descriptivos para que mi historia
sea más interesante.

✓ Escribí oraciones completas con el signo
de puntuación que corresponde. Usé los
pronombres *yo*, *mí*, *tú*, y *ti* correctamente.

A platicar

¿Cómo aprendemos sobre los animales que vivieron hace mucho, mucho tiempo atrás?

Busca información sobre dinosaurios en **www.macmillanmh.com.**

244

ANIMALES PREHISTÓRICOS

Celacanto

Vocabulario

- antiguo
- optimista
- incapaz
- confirmar
- válido

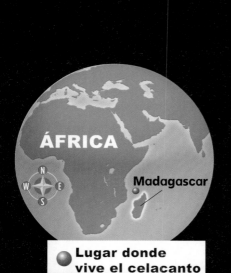

ÁFRICA

Madagascar

● **Lugar donde vive el celacanto**

UΠ PEZ MVY AΠTIGVO

El celacanto es un pez muy que vivió hace unos 360 millones de años. Lo conocimos al estudiar sus fósiles. Los fósiles son formas o restos que dejó un animal que vivió hace muchísimo tiempo.

Se creía que todos los celacantos habían muerto hace millones de años, pero en 1938, un pescador pescó uno cerca de Madagascar. Desde entonces se han seguido pescando. Ahora, los científicos son respecto a que podrán proteger a los celacantos. Creen que pueden ayudarlos porque ahora saben más sobre estos peces. Los celacantos son de vivir en las aguas tibias de la superficie del mar; sólo pueden vivir en las profundidades.

Los científicos hicieron un modelo del lagarto que vivió hace millones de años.

Este fósil es la cabeza del antiguo lagarto.

¡UN MUCHACHO ENCUENTRA FÓSILES!

En 1999, un muchacho de doce años de edad, Miguel Avelas, sorprendió a los científicos de todo el mundo. Miguel descubrió cientos de fósiles en la Patagonia, una gran región ubicada en América del Sur. Miguel llevó a un grupo de científicos al lugar. Los científicos supusieron que los fósiles provenían de un lagarto.

Los científicos estudiaron los fósiles y **confirmaron** que estaban en lo cierto. Los fósiles les dieron información **válida**. Este lagarto había vivido hacía más de 120 millones de años. Ahora los científicos también tienen pruebas de que el lagarto vivió en la Patagonia. El descubrimiento de Miguel les dio nueva e importante información.

Conéctate Busca más información sobre fósiles en **www.macmillanmh.com.**

Conoce a Supercroc

¿Vivió alguna vez en la Tierra un cocodrilo del tamaño de un autobús escolar?

¿Qué tipo de animal era?

Su cuerpo era de unos 40 pies de largo. Ése es el tamaño de un autobús escolar. Sus mandíbulas medían alrededor de cinco pies de largo ¡Eso es como la estatura de una persona adulta! Y, además, tenía alrededor de 100 dientes.

Nombre: *Sarcosuchus imperator ("Supercroc")*
Longitud: Hasta 50 pies
Peso: Alrededor de 17,500 libras
Vivió: Hace unos de 110 millones de años

248

Esta poderosa criatura se escondía en el agua, esperando que un animal se acercara al río a beber. Cualquier animal que fuera atrapado por esos dientes sería **incapaz** de escapar.

¡No se preocupen! Este gigante dientudo no vive hoy en día. Vivió hace unos 110 millones de años, cuando los dinosaurios recorrían la Tierra. Eso fue alrededor de 105 millones de años antes de que los seres humanos habitaran la Tierra.

Este dibujo muestra cómo los científicos creen que pudo haber sido "Supercroc".

Nombre:	Cocodrilo australiano
Longitud:	Hasta 23 pies
Peso:	Alrededor de 2,000 libras
Vive:	Hoy en día

Nombre:	Caimán americano
Longitud:	Hasta 20 pies
Peso:	Alrededor de 1,300 libras
Vive:	Hoy en día

Paul Sereno muestra el cráneo de "Supercroc".

Paul Sereno es un científico. Fue el líder de un equipo de científicos que descubrió los huesos de este animal parecido a un cocodrilo. Los descubrieron en Níger, un país de África.

Sereno y su equipo esperaban que los huesos pertenecieran a una especie de cocodrilo gigante de la época de los dinosaurios. Eran **optimistas**, pero no estaban seguros. El equipo entero necesitaba estudiar los huesos antes de **confirmar** su teoría. Decidieron comparar los huesos con los de los cocodrilos que viven hoy en día. Si los huesos se parecían entonces la teoría sería **válida**.

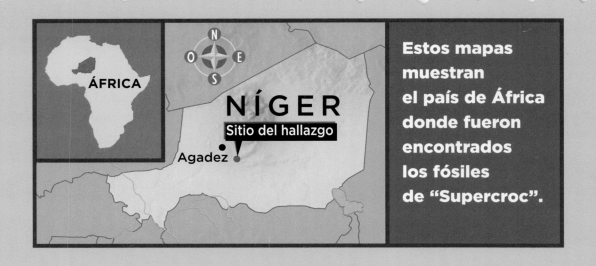

ÁFRICA

NÍGER

Sitio del hallazgo

Agadez

Estos mapas muestran el país de África donde fueron encontrados los fósiles de "Supercroc".

La forma de la cabeza y sus huesos les dieron a Sereno y su equipo la prueba que estaban buscando. Los **antiguos** huesos pertenecían a un "Supercroc" que vivió al mismo tiempo que los dinosaurios vivieron en la Tierra.

Sereno hizo copias de los huesos para dejarlas en Estados Unidos. Los huesos originales fueron enviados de vuelta a Níger. Si quieres ver al verdadero "Supercroc", los huesos están en un museo de Níger.

Un niño mira el modelo del "Supercroc".

Pensamiento crítico

1. ¿Cómo resumirías este artículo?

2. ¿Cómo comprobó su teoría Paul Sereno?

3. ¿Qué te gustaría estudiar si fueras un científico como Paul Sereno?

4. Compara a la criatura descrita en "¡Un muchacho halla fósiles!" con "Supercroc". ¿En qué se parecen? ¿En qué se diferencian?

Dientes extraños

Muestra lo que sabes

Pensar y buscar
Lee para hallar la respuesta. Búscala en más de un lugar en toda la página.

El científico David Krause excava en busca de fósiles en Madagascar.

Unos "cazadores" de fósiles de dinosaurios fueron a excavar a Madagascar, una isla frente a la costa de África. Allí encontraron algo que parecía la mandíbula inferior de un animal. Tenía unos extraños dientes filosos. ¿Sería de dinosaurio?

"Pensamos que podía ser de un cocodrilo o de un reptil volador", dijo el líder del equipo. Los científicos estudiaron los extraños dientes con forma de gancho y descubrieron que eran de un dinosaurio que vivió hace 70 millones de años y que comía peces e insectos. Era pequeño en comparación con otros dinosaurios.

Madagascar es un buen lugar para hallar huesos de dinosaurios. Allí se encontraron los huesos más antiguos. Los científicos seguirán buscando. Un científico dijo: "Aún nos queda mucho por aprender sobre los dinosaurios".

INSTRUCCIONES
Decide cuál es la mejor respuesta para cada pregunta.

1 Los "cazadores" de fósiles hallaron —

    A científicos.

    B un diente de cocodrilo.

    C un reptil volador.

    D una mandíbula de dinosaurio.

2 ¿Dónde excavaron?

    A en la costa de África

    B en Madagascar

    C en un museo

    D millones de años

3 ¿De qué trata principalmente el artículo?

    A de Madagascar, una isla africana

    B de animales con dientes filosos

    C de dinosaurios que comían insectos

    D de científicos que buscan fósiles

4 ¿Cuál es el mejor resumen del texto?

    A Unos cazadores de fósiles hallaron una mandíbula con dientes filosos. Era de un dinosaurio que vivió hace 70 millones de años.

    B Los científicos viven en Madagascar. Allí es donde se encuentran todos los huesos de dinosaurios.

    C Los peces, los cocodrilos y los insectos tienen dientes filosos. Se parecen a los dinosaurios.

    D Los dinosaurios no eran muy grandes. Tenían dientes filosos y mandíbulas fuertes para comer peces e insectos.

¡A escribir!

Tina escribió una narración sobre una vez en la que, trabajando en equipo, pudo encontrar a su gato perdido.

Mi cuento tiene un principio, un desarrollo y un final.

Buscando a Cacahuate

Un día no podía encontrar a mi gato Cacahuate. Él se queda en casa casi todo el tiempo, pero a veces se va al patio.

Cacahuate no estaba en la casa ni en el patio. Miré por todos lados y lo llamé. Pronto, mi vecina Tracy me oyó.

—¿Quieres que te ayude? —me dijo.

—Sí, ve por ese lado. Yo iré por aquí —le dije, pero no vi a Cacahuate por ninguna parte.

Luego de un rato, ¡Tracy apareció en la esquina cargando a Cacahuate!

—Estaba en un árbol —dijo Tracy.

Le agradecí a Tracy. No podría haber encontrado a Cacahuate sin su ayuda.

Tu turno

Escribe sobre el tema que se te da en el recuadro. Escribe durante 10 minutos todo lo que puedas y lo mejor que puedas. Lee las pautas antes de escribir y revísalas cuando termines.

> Algunos trabajos son demasiado para una sola persona. Piensa en alguna vez en que trabajaste con un compañero o con un equipo. Escribe sobre eso.

Pautas para escribir

- ☑ Piensa en tu propósito para escribir.

- ☑ Usa sustantivos y verbos interesantes.

- ☑ Escribe párrafos claros, cada uno con una oración del tema y detalles.

- ☑ Usa la gramática, la ortografía y la puntuación lo mejor que puedas.

255

¿Cómo crecen los animales?

¿Cómo cambian algunos animales a medida que crecen?

Conéctate

Busca más información sobre el crecimiento de los animales en **www.macmillanmh.com**.

257

Leo crece

Kevin Lee

Leo era un gatito juguetón. Le encantaba perseguir a sus amigos y jugar con ellos. Pero a veces los otros gatitos no eran **amables**, no lo trataban muy bien.

"Miren a Leo", decían. "¿Por qué es tan grande?" Los gatitos se reían y Leo se sentía incómodo y triste.

Una vez Leo miraba a un **inquieto** pajarito revolotear en el aire, sin dejar de moverse y batir sus alas.

"Ojalá fuera un pájaro", pensó Leo. "Sería liviano y pequeñito."

Leo dejó a los gatitos. Exploró la selva por su cuenta durante muchos meses. Leo creció y su pelaje se hizo más espeso.

Un día Leo oyó un rugido detrás de un arbusto. Se detuvo, y al **asomarse** por encima del arbusto, vio a otros animales en los que **se reconoció**. Se veían iguales a él, ¡pero más grandes!

Los gatos grandes huyeron. **Se desvanecieron** entre los árboles y desaparecieron de su vista. Leo corrió tras ellos. "¡Miren! Otro león", dijo uno de los gatos grandes.

Entonces Leo supo por qué era más grande que los otros gatitos. ¡Era un león, no un gato! Esa noche, Leo **se acurrucó** con los demás leones y durmieron bien juntitos. Al fin, Leo había encontrado su lugar y su familia.

Volver a leer para **comprender**

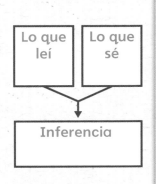

Hacer preguntas
Hacer inferencias

Hacerte preguntas puede ayudarte a entender lo que lees. Puedes preguntarte qué te está diciendo el autor y usar lo que ya sabes para hacer una inferencia sobre el personaje. Vuelve a leer el cuento y usa el diagrama para hacer inferencias sobre Leo.

Lo que leí	Lo que sé

Inferencia

Género

Un cuento de fantasía tiene ambientes, personajes u otras cosas inventadas que no podrían existir en la vida real.

Hacer preguntas

Hacer inferencias

Al leer, usa el diagrama.

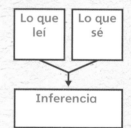

Lee para descubrir

¿Cómo sabes que Farfallina y Marcel son buenos amigos?

Farfallina y Marcel

Autora premiada

Holly Keller

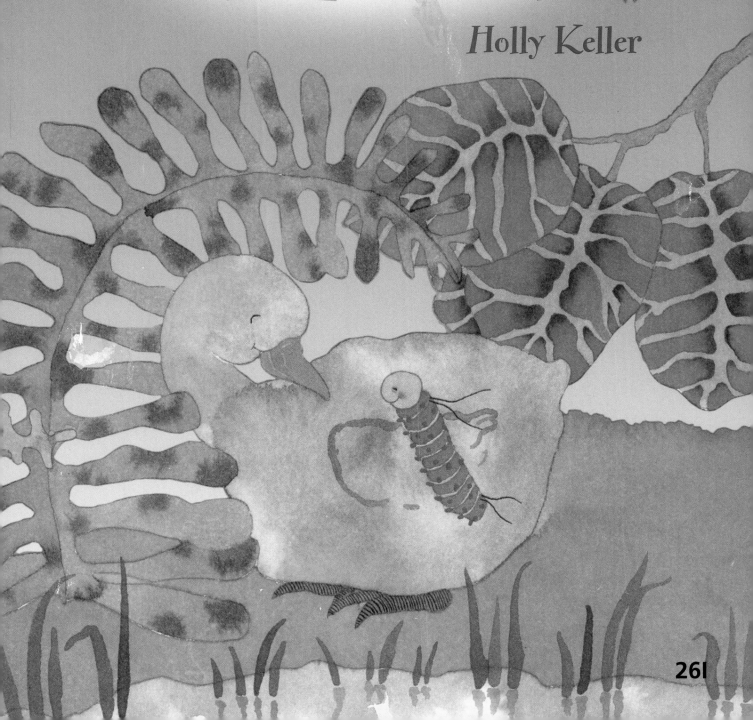

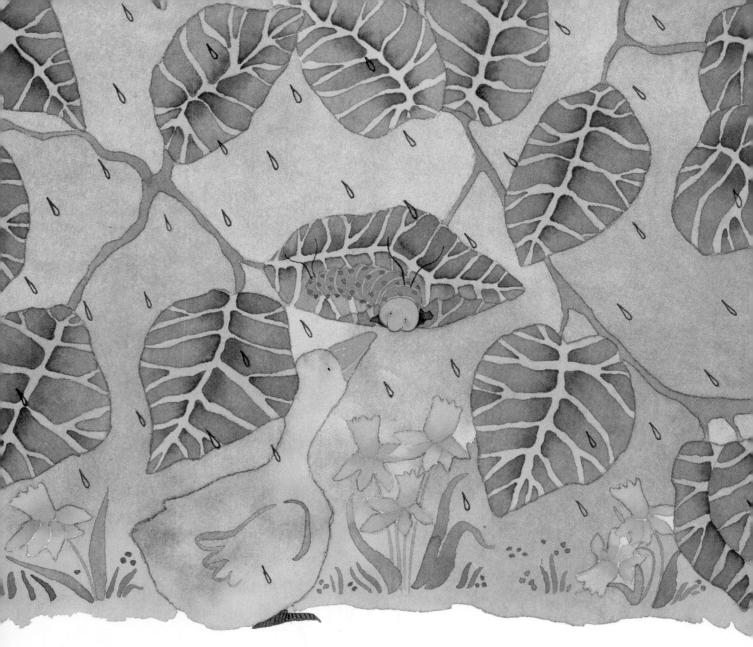

La lluvia cayó y cayó durante toda la mañana.

Caía en el estanque y salpicaba la hoja de Farfallina.

Farfallina encontró una parte seca y se la comió.

—Eh —dijo una vocecita—. Te estás comiendo
mi paraguas.

Farfallina **se asomó** sobre el borde de la hoja.

Una pequeña ave gris **se acurrucaba** debajo.

A Farfallina le gustaron sus suaves plumas
y sus **amables** ojos.

—Hola, yo soy Farfallina —dijo,
y se deslizó hacia el suelo.

—Yo me llamo Marcel —dijo el ave.

A Marcel le gustaron la sonrisa de Farfallina
y sus bonitos colores.

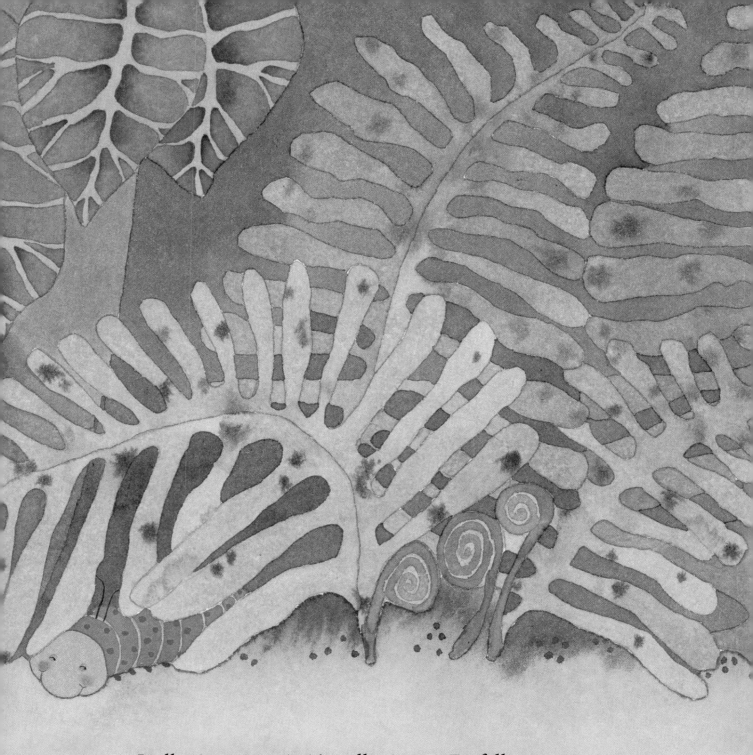

La lluvia se convirtió en llovizna y Farfallina quiso jugar.

—Me voy a esconder y tú me buscas —dijo ella.

Marcel estuvo de acuerdo.

Farfallina se escondió cerca del suelo, bajo un helecho, porque sabía que Marcel no podía trepar.

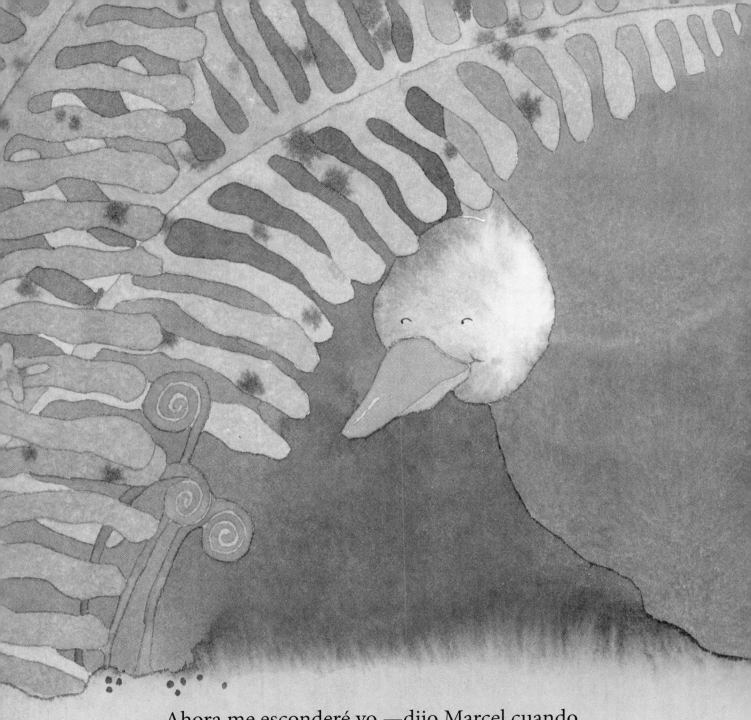

—Ahora me esconderé yo —dijo Marcel cuando
la encontró.

Y se escondió justo detrás del árbol, porque sabía
que Farfallina se movía lentamente.

Hacer inferencias
¿Qué crees que sienten Farfallina y
Marcel el uno por el otro? ¿Por qué?

—Puedo llevarte a dar un paseo por
el estanque —dijo Marcel.
Farfallina avanzó poco a poco hasta subirse
al lomo de Marcel.
—Me haces cosquillas —dijo Marcel,
y se metió en el agua.

Farfallina se rio.
—Hay tanto para ver —dijo ella.

Farfallina y Marcel jugaban juntos todos los días.
Les gustaban los mismos juegos y se caían bien
el uno al otro.

Pero un día Farfallina no parecía la misma.

—No estoy enferma —le dijo a Marcel—, sólo
un poco incómoda. Necesito treparme a una rama
y descansar un rato.

—Yo te espero —le gritó Marcel mientras Farfallina
iba subiendo al árbol.

Marcel la miró hasta que Farfallina desapareció
de su vista por completo. Entonces se acomodó
en el pasto y esperó.

Llegó la noche y después la mañana, pero
Farfallina no bajó.

Marcel le gritaba, pero ella no respondía.

Estaba muy **inquieto** y terriblemente solo.

Pasaron las semanas.
Las tardes se hicieron más largas
y cálidas. Marcel fue al estanque.

Y cuando miró su reflejo en el agua
apenas **se reconoció** a sí mismo.
Estaba creciendo.

Marcel volvía al árbol todos los días para
buscar a Farfallina, pero ella nunca estaba.
Y después de un tiempo se dio por vencido.

Mientras tanto, en la copa del árbol,
Farfallina estaba envuelta en una manta
de seda brillante.
Ella también estaba creciendo.

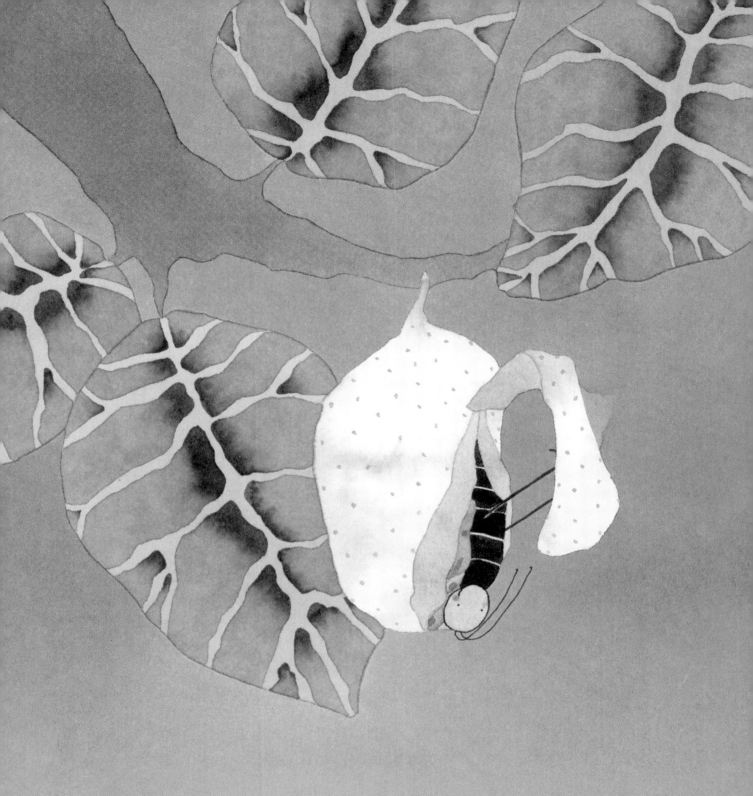

Una mañana de cielo azul y claro, Farfallina estuvo
lista para salir y abrir sus hermosas alas nuevas.

Farfallina no tenía idea de cuánto había estado arriba del árbol y bajó volando suavemente a encontrarse con Marcel.

—Esperaré —dijo Farfallina cuando no lo vio, y se posó en una flor.

Llegó la noche y después la mañana, pero Marcel no aparecía.

Farfallina estaba cansada y confundida. Revoloteó un poco por los alrededores y fue al estanque.

Hacer inferencias
¿Por qué Farfallina necesita pasar un tiempo a solas en el árbol?

El estanque estaba tranquilo como
un cristal, excepto por las ondas que
hacía un ganso grande y hermoso que
nadaba solitario en círculos.
Farfallina tembló de la decepción.

Farfallina siguió yendo al estanque todos los días
a buscar a la pequeña ave gris llamada Marcel, pero
él nunca vino.

Una mañana, el ganso detuvo sus vueltas silenciosas
y le habló.

—Parece que te gusta el estanque —dijo.

Farfallina revoloteó un poco.

—He estado esperando a un amigo —dijo ella
tristemente— pero parece que no va a venir.

A Marcel le gustaron su sonrisa y sus colores brillantes.

—Sé cómo te sientes, también yo perdí a una amiga —
dijo—. Simplemente **se desvaneció** en el aire.

A Farfallina le gustaron sus lustrosas plumas y
sus ojos amables.

—Tal vez un paseo por el estanque te levante
el ánimo —dijo Marcel.

A Farfallina le pareció que sí y se acomodó en la espalda
de Marcel.

—Es raro —dijo Marcel—, pero siento como si te conociera desde hace mucho tiempo.

—Yo estaba pensando lo mismo —dijo Farfallina—. Me llamo Farfallina. ¿Tú cómo te llamas?

Marcel paró de golpe.

Sacudió el agua con sus fuertes alas.

Luego nadó dando vueltas y vueltas y vueltas.

—Soy yo Farfallina —gritó—. ¡Soy yo, Marcel!

¿En serio eres tú?

—Sí —gritó a su vez Farfallina.

Se miraron el uno al otro y rieron.

Al llegar la noche ya se habían explicado todo,
y se durmieron sonriéndoles a las estrellas.

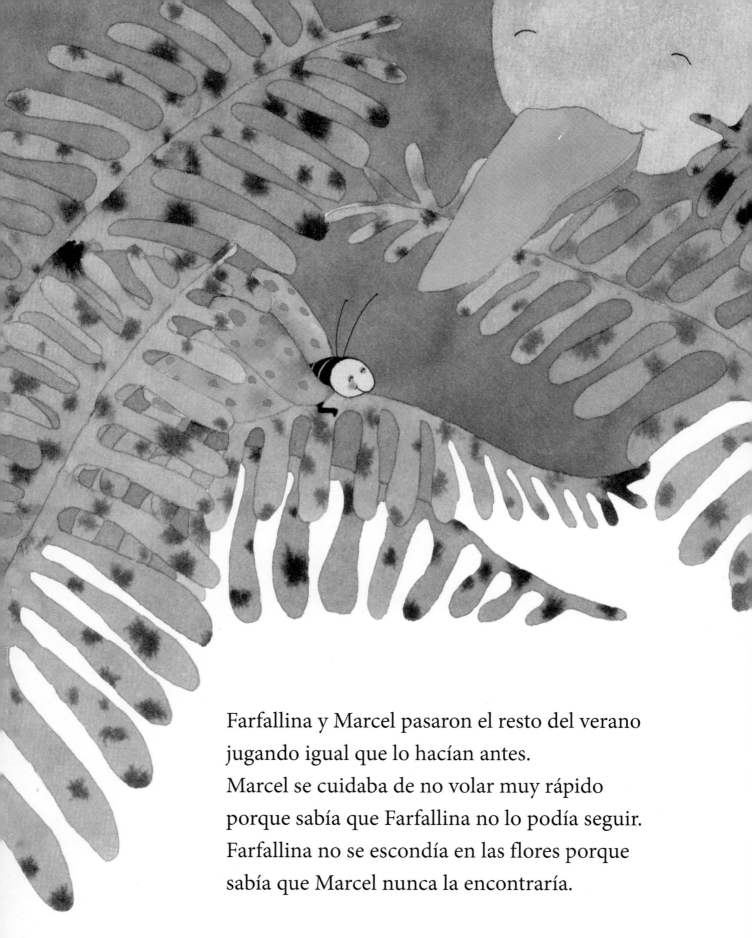

Farfallina y Marcel pasaron el resto del verano
jugando igual que lo hacían antes.
Marcel se cuidaba de no volar muy rápido
porque sabía que Farfallina no lo podía seguir.
Farfallina no se escondía en las flores porque
sabía que Marcel nunca la encontraría.

Y cuando las hojas de los árboles
alrededor del estanque se pusieron rojas
y doradas, decidieron irse hacia el sur.

Juntos.

Conoce a la autora

Holly Keller escribe e ilustra libros. Sus ideas para los libros vienen de muchas situaciones diferentes. La idea para *Farfallina y Marcel* comenzó con la palabra *farfallina*. *Farfallina* quiere decir "pequeña mariposa" en italiano. "Por algún motivo", dice Holly, "la palabra echó a volar mi imaginación".

Otro libro de Holly Keller:

 Busca más información sobre Holly Keller en **www.macmillanmh.com**.

✔ Propósito de la autora

Holly nos cuenta un cuento de un par de buenos amigos. Escribe sobre dos buenos amigos. Cuenta lo que hacen juntos y por qué se llevan bien.

Pensamiento crítico

Volver a contar
Usa las tarjetas para
volver a contar el cuento.

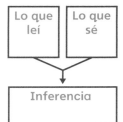

Tarjetas
Cuéntalo otra vez

Pensar y comparar

1. ¿Por qué crees que Marcel se siente solo cuando Farfallina no regresa? **Hacer preguntas: Hacer inferencias**

Lo que leí	Lo que sé

Inferencia

2. Vuelve a leer la página 269. ¿Por qué dice que Marcel apenas **se reconoció** a sí mismo? Usa el texto y la ilustración para explicarlo. **Analizar**

3. ¿Te gustaría tener un amigo como Farfallina o Marcel? ¿Por qué? **Evaluar**

4. ¿Qué puedes aprender de este cuento sobre sobre los buenos amigos? **Analizar**

5. ¿En qué se parece el personaje de "Leo crece" de las páginas 258 y 259 a los personajes de *Farfallina y Marcel*? **Leer/Escribir para comparar textos**

Monarca

Mariposas

Hay mariposas de muchas formas y tamaños. Algunas son grandes y otras son pequeñas. Algunas tienen manchas brillantes y otras tienen **diseños** oscuros en sus alas.

La monarca y la cuadriculada son dos clases de mariposas. La monarca es más grande y colorida. Es de un color naranja vivo, con diseños negros y manchas blancas. La cuadriculada es de color café y tiene manchas claras.

Aunque estas dos mariposas se ven diferentes, sus cuerpos tienen las mismas partes, como todas las demás mariposas.

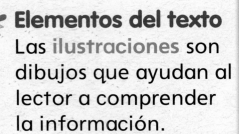

Partes del cuerpo de la mariposa

alas

antenas

cabeza

patas

Cuadriculada

Hay mariposas de todas formas y tamaños. Todas las mariposas tienen las mismas partes del cuerpo.

Cómo crecen y cambian las mariposas

Todas las mariposas se convierten en adultas de la misma manera. En su vida, las mariposas pasan por cuatro estados o **etapas** de desarrollo.

Etapa 1: Huevo

La mariposa comienza su vida como un huevo. El huevo tiene el tamaño de una cabeza de alfiler. Muchas veces, las mariposas ponen sus huevos en una hoja. El huevo es pegajoso, por lo que se queda prendido a la hoja.

Etapa 2: Larva

Cuando el huevo se rompe, sale una oruga. Esta parte de la vida de la mariposa se llama estado **larval**. Cuando la oruga es lo bastante grande, se engancha a una hoja o a una rama.

Etapa 3: Pupa

La oruga entonces forma un armazón duro o capullo para vivir en él. Se queda dentro del capullo por unas cuantas semanas, y ahí dentro la oruga crece y cambia. En esta etapa se llama pupa.

Etapa 4: Adulta

Cuando el capullo se rompe,
la oruga se ha transformado por
completo en una mariposa. Ésta
es la etapa adulta. Cuando
sus alas se secan, la mariposa
está lista para volar.

✔ Pensamiento crítico

1. Vuelve a leer la página 284.
   ¿Qué es igual en todas
   las mariposas? **Ilustraciones y leyendas**

2. Piensa en este artículo y en *Farfallina
   y Marcel*. Explica por qué Marcel no reconoció
   a Farfallina. Nombra en tu respuesta por lo
   menos tres etapas de la vida de una mariposa.
   Leer/Escribir para comparar textos

Ciencias

En una enciclopedia, investiga dos tipos
de mariposas de tu estado. Di en qué se
parecen y en qué se diferencian.

 Busca más información sobre cómo crecen los
animales en **www.macmillanmh.com**.

Escritura

Palabras variadas
Los buenos escritores usan palabras variadas para hacer interesante su escritura.

Conexión: Lectura y escritura

22 Sur, Calle 132
Evanston, IL 60060
5 de febrero de 20_ _

Querido Max:

Quiero presentarte al perrito que me regalaron mis padres. Está creciendo mucho. ¡Está grandote! Al principio Toto dormía en mi cama, pero ahora es demasiado grande y duerme en el piso. También ronca. Los ronquidos del perrito son muy fuertes. Además cada vez pesa más, ¡y me quiere mucho!

Uso diferentes palabras para describir el tamaño.

Aquí uso palabras variadas para decir que el perro ronca fuerte.

Tu amigo,
Carlos

288

Tu turno

¡Algo nuevo que pase en tu vida puede ser divertido!

Piensa en algo nuevo que haya venido a tu vida.

Escríbele una carta a un amigo para contárselo.

Control de escritura

☑ En mi carta le cuento a un amigo sobre algo nuevo en mi vida.

☑ Mi carta está organizada y explica las cosas claramente.

☑ Usé **palabras variadas** para que mi carta sea interesante y describa bien las cosas.

☑ Usé todas las partes de una carta. Usé bien las palabras *al* y *del*.

Animales salvajes

¿Cómo viven los animales salvajes en sus ambientes naturales? Comenta sobre algún animal salvaje que conozcas.

Conéctate

Busca información sobre animales salvajes en **www.macmillanmh.com.**

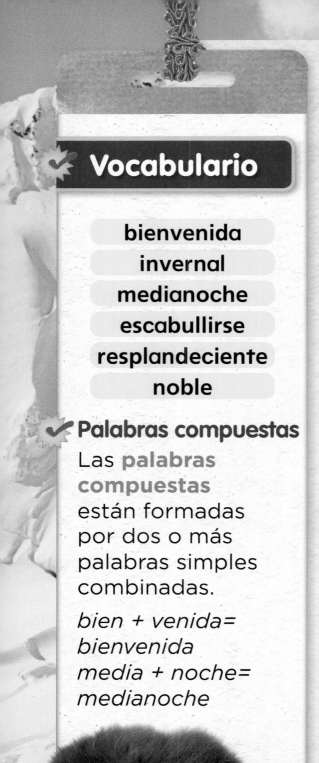

Vocabulario

bienvenida

invernal

medianoche

escabullirse

resplandeciente

noble

Palabras compuestas

Las **palabras compuestas** están formadas por dos o más palabras simples combinadas.

bien + venida= bienvenida

media + noche= medianoche

Mi vida en Alaska

Querida Katie:

Estoy muy contenta de que seas mi nueva amiga por carta. ¡**Bienvenida**!

Yo vivo en un pueblito esquimal en Alaska, con mis padres y mi abuelo.

Quiero contarte sobre un paseo que mi abuelo me prometió. Era llevarme a ver un lobo en la tundra. Cuando terminó la noche **invernal**, mi querido abuelo cumplió su promesa.

Ese día nos levantamos muy temprano, parecía aún **medianoche**. Me puse mi abrigo grueso y mis botas de piel. Entonces nos **escabullimos** fuera de la casa sin despertar a los demás.

Preparamos el trineo. Cuando amaneció, viajamos en nuestro trineo tirado por perros sobre la nieve **resplandeciente**. Tanto brillaba, que teníamos que usar gafas de sol para protegernos los ojos.

Nos detuvimos sobre un lago congelado y echamos un vistazo a nuestros alrededores. Entonces los vimos: cerca del lago había una manada de lobos. Los **nobles** animales estaban parados juntos, observándonos. Se veían impresionantes, dignos como reyes. Nunca me olvidaré de esos asombrosos animales.

Tu nueva amiga,

Jean

Volver a leer para **comprender**

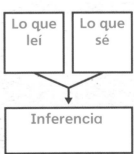

Ajustar la fluidez
Hacer inferencias

Si ajustas la fluidez de tu lectura, leyendo más lentamente, y aplicas lo que ya sabes, puedes hacer inferencias, o formar tus propias ideas, sobre un personaje. Vuelve a leer el cuento. Usa la tabla para hacer inferencias de cómo es Jean.

Lo que leí	Lo que sé

Inferencia

Comprensión

Género

Un cuento de **ficción** tiene personajes y hechos inventados.

Ajustar la fluidez

Hacer inferencias

Al leer, usa tu diagrama de hacer inferencias.

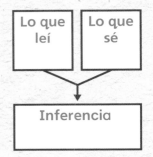

Lo que leí	Lo que sé

→

Inferencia

Lee para descubrir

¿Cómo sabes que el niño y el cachorro de lobo tienen una gran amistad?

Nutik, el cachorro de lobo

Jean Craighead George
ilustraciones de Ted Rand

Autora premiada

En un pueblecito esquimal en la cima del mundo vivía un niño pequeño y muy vivaz. No tenía mucha edad, pero corría tan rápido como la sombra de un ave.

Cuando corría, su padre, Kapugen, el gran cazador, lo atrapaba en sus brazos y lo levantaba alto sobre su cabeza.

Cuando corría, su madre, Ellen, lo atrapaba entre sus brazos y lo abrazaba fuerte.

Cuando corría, su hermana mayor, Julie, lo levantaba en sus brazos y lo llevaba a la casa para contarle historias de lobos.

Ella le contaba cómo una manada de lobos
le salvó la vida, aquella vez que la encontraron
perdida y hambrienta en la enorme tundra.

El **noble** líder negro de la manada de lobos había
compartido la comida de su familia con ella.

Aquel lobo se llamaba Amaroq.
El niño pequeño también se
llamaba Amaroq.

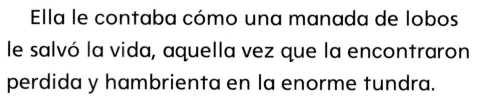

Un día Julie llegó a casa con dos cachorros enfermos y hambrientos. Puso uno entre los brazos de Amaroq.

—Alimenta y cuida a este cachorro —le dijo—. Se llama Nutik.

—Yo cuidaré al otro. Le puse Uqaq. Cuando estén gordos y sanos, los lobos vendrán por ellos.

Amaroq abrazó a su cachorro. Sintió el corazón del lobito latiendo suavemente. Le besó la cabeza tibia.

—Amaroq —dijo Julie cuando vio esto—, no vayas a encariñarte con el cachorro. Les he prometido a los lobos que se los devolveremos cuando estén gordos y sanos.

Amaroq miró los ojos dorados de Nutik. El cachorro de lobo lo lamió y movió la cola. Julie frunció el ceño.

—No te encariñes, Amaroq —volvió a advertirle— o se te romperá el corazón cuando los lobos vengan y se lo lleven.

—No, no lo haré —dijo él.

Hacer inferencias
¿Te parece que Amaroq se va a encariñar con el cachorro de lobo? ¿Por qué?

Julie le dio una botella de leche a Amaroq para que alimentara a su cachorro. Amaroq envolvió a Nutik en suaves pieles de conejo, y los dos se acurrucaron en la alfombra de oso.

Todos los días Amaroq le daba a Nutik varias botellas de leche, bocados de carne cruda y huesos para roer.

Cuando la luna había cambiado de creciente a llena y había vuelto a cambiar, Nutik había engordado. Ya no le temblaban las patas. Tenía la piel **resplandeciente**. Saltaba y ladraba. Cuando Amaroq corría, Nutiq corría.

Llegó el verano a la cima
del mundo. Durante tres
hermosos meses el sol se quedó
alto en el cielo todo el día y toda
la noche. Por esta razón, la vida de
Amaroq y Nutik tenía un reloj diferente.
Se dormían con el farfullar de las crías de
los gansos blancos. Se despertaban con el
áspero silbar de los pichones de los búhos nivales.

Comían cuando tenían hambre, dormían cuando
tenían sueño y jugaban juegos de lobos a sol y a
sombra. Nunca se separaban.

—No te encariñes con Nutik —volvió a advertirle
Julie cuando el sol de **medianoche** estaba ya más
bajo—. Escucho el llamado de los lobos; pronto
vendrán por sus cachorros.

Lo miró: —Sé fuerte.

—Soy fuerte —respondió él—. Yo soy Amaroq.

Una mañana Amaroq y Nutik estaban revolcándose por la tundra cubierta de musgo cuando la manada de lobos aulló. Estaban cerca.

—Vuelve a casa, vuelve a casa —llamaban.

Nutik los oyó.

Uqaq y Julie los oyeron.

Amaroq los oyó. Se levantó y corrió.

Nutik dejó de escuchar a los lobos y corrió tras él.

Amaroq guió a Nutik tan rápido como una estrella fugaz. Se deslizaron cuesta abajo por una loma helada. Lo llevó más allá de la escuela del pueblo, lejos de los lobos.

Después de un largo rato llevó a Nutik a la casa. Julie estaba en la puerta.

—Uqaq ha vuelto con su familia —dijo ella—. Los lobos vinieron y se la llevaron. Ahora le toca a Nutik.

—Estoy muy cansado —dijo Amaroq y se restregó los ojos.

Julie lo llevó a la cama, a su bolsa de dormir de piel de oso. Cuando Julie salió de puntillas, Nutik **se escabulló** también dentro de la bolsa de dormir. Lamió a Amaroq en la mejilla.

El sol se puso en agosto. Los días se hicieron más y más cortos hasta que ya no hubo día. Ahora era siempre noche.

En el gris azulado de la noche **invernal**, los lobos llegaron hasta el límite del pueblo.

Cuando todos dormían, llamaron a Nutik.

Nutik salió de la bolsa de dormir de Amaroq y lo despertó suavemente. Lo tomó de la mano con su hocico y lo guió al otro extremo de la habitación. Se detuvo frente al abrigo de Amaroq. Amaroq se lo puso. Nutik levantó una bota. Amaroq se puso las botas.

Nutik gimió junto a la puerta.

Amaroq la abrió, y juntos salieron al frío.

Los lobos estaban saltando y bailando como
espíritus del hielo en la colina.
Nutik tomó la mano enguantada de
Amaroq y lo llevó hacia su familia de lobos.
La escarcha crujía bajo sus pies. Los lobos les
dieron la **bienvenida** con un susurro.

De pronto Amaroq se detuvo. Nutik lo estaba llevando a su hogar con los lobos.

—No, Nutik —le dijo—. No puedo acompañarte. No puedo vivir con tu familia.

Nutik lo miró con su cabecita inclinada hacia un lado y pidió:

—Ven.

—Debes ir a tu casa solo —dijo Amaroq, y abrazó a su querido cachorro de lobo por un largo rato.

Luego, dio vuelta y se fue caminando. Nutik no corrió. No salió tras él.

"Soy muy fuerte", se dijo Amaroq.

Llegó a su casa antes de que se le congelaran las lágrimas.

Amaroq gateó hasta su bolsa de dormir de piel de oso y sollozó. Después de todo, sí se le había roto el corazón.

Finalmente se durmió.

Julie lo despertó para el desayuno.

—No quiero comer —le dijo—. Anoche vinieron los lobos y se llevaron a Nutik.

—Eres un niño fuerte —le dijo ella—. Lo dejaste volver con su familia. Eso era lo correcto.

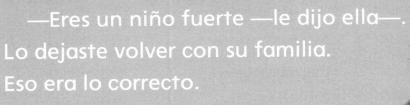

Hacer inferencias
Haz una inferencia sobre por qué Amaroq dejó que Nutik volviera con su manada.

Amaroq no almorzó. Cuando Kapugen lo llevó a pescar, no pescó. Las lágrimas seguían apareciéndose. Corrió a la casa para ocultarse en su bolsa de dormir.

Estaba sorprendentemente calentita. Desde el fondo, meneándose hacia los brazos de Amaroq, apareció su peludo cachorro de lobo.

—¡Nutik! —exclamó Amaroq, feliz. Abrazó a su amigo y le echó un vistazo a Julie. En vez de regañarlo, ella salió de la habitación.

—Queridos lobos —gritó hacia la tundra—. Su hermoso cachorro, Nutik, no volverá con ustedes; se ha unido a nuestra familia.

— Amaroq quiere a Nutik. Nutik quiere a Amaroq. Ahora son hermanos. Él no puede irse.

Como si la escuchara, el viento dejó de soplar. En la quietud, Julie gritó con claridad y en forma suave:

—Yo lo cuidaré con tanto amor como ustedes me cuidaron a mí.

Y los lobos le cantaron:

—Eso es lo correcto.

Conozcamos a la autora y al ilustrador

Jean Craighead George ha escrito más de 100 libros para niños. Un verano, Jean fue a Alaska a estudiar a los lobos. Allí, un día vio a una niñita caminando en la solitaria tundra, y también vio un hermoso lobo. Los dos pasaron a ser los personajes principales de *Julia de los lobos*, un libro para lectores mayores. *Nutik, el cachorro de lobo* es una continuación de ese cuento.

Ted Rand fue a Alaska antes de hacer las ilustraciones de *Nutik, el cachorro de lobo*. Él quería ver la tundra con sus propios ojos. Ted ha ilustrado más de 60 libros para niños.

Otros libros ilustrados por Ted Rand

Busca más información sobre Jean Craighed George y Ted Rand en **www.macmillanmh.com**.

 Propósito de la autora

Jean Craighead George nos entretiene con un cuento que sucede en un pueblito esquimal. ¿Te gustaría vivir allí? Escribe sobre ello.

Pensamiento crítico

Volver a contar
Usa las tarjetas para
volver a contar el cuento.

Tarjetas
Cuéntalo otra vez

Pensar y comparar

1. Julia prometió a los lobos que
   les devolvería los cachorros.
   ¿Por qué entonces al final deja
   que Amaroq se quede con
   Nutik? **Ajustar la fluidez: Hacer
   inferencias**

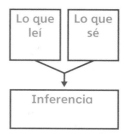

2. Vuelve a leer las páginas 300 y 301. ¿Por qué Julia
   siempre le recuerda a Amaroq que no se encariñe
   con Nutik? **Analizar**

3. Si fueras Amaroq, ¿hubieras dejado que Nutik
   regresara a la jauría con los demás lobos?
   ¿Por qué? **Evaluar**

4. ¿Por qué es importante para Nutik regresar a la
   jauría y no pasar demasiado tiempo con Amaroq?
   Analizar

5. ¿Crees que Jean, de "Mi vida en Alaska",
   y Amaroq podrían hacerse amigos?
   Di algunas cosas que ellos
   tienen en común. **Leer/Escribir
   para comparar textos**

Género

No ficción Los artículos de enciclopedia dan información sobre un tema.

Elemento del texto

Un artículo de **enciclopedia** puede tener varias secciones. Los **encabezamientos** dicen de qué trata cada sección.

Palabras clave

hábitat

desplazarse

presa

Los lobos

Los lobos son animales salvajes, parientes de los perros. Se parecen a los perros, pero tienen las patas más grandes y las mandíbulas más poderosas.

Los lobos viven en áreas o **hábitats** diferentes. Algunos son grises y otros casi negros. Los que viven en Alaska son blancos. Todos los lobos tienen la cola larga y peluda.

Hábitat

Los lobos viven en hábitats de bosque o de montaña. Necesitan un territorio grande porque cambian de lugar. Cada día, **se desplazan** unas 20 millas en busca de comida. Los lobos son animales en peligro de extinción. Antes vivían en toda América del Norte. Ahora viven en los bosques del norte y en Alaska.

Alimento

Los lobos son cazadores. Tienen un buen sentido del olfato y esto los ayuda a encontrar sus **presas**. Los lobos que viven en los bosques comen ratones, conejos, ciervos y alces. Los que viven en Alaska comen además caribúes y bueyes. Para los lobos no es fácil encontrar alimento. A veces tienen que perseguir a sus presas por varios días. Los lobos pueden comer 20 libras de carne a la vez. Tragan trozos grandes de alimento sin masticarlos.

Ciclo de vida

La hembra tiene los cachorros en la primavera. Primero cava una madriguera, que podrá usar varias veces. Cuando nacen, los cachorros no pueden ver ni oír. La madre se queda con ellos durante tres semanas. Mientras tanto, el macho trae alimento a la madre.

Al mes, los cachorros ya pueden comer carne y toda la familia caza alimento para ellos. La hembra también caza. Mientras ella se va, otro miembro de la manada cuida a los cachorros. Para el otoño, los cachorros ya han aprendido a cazar y están listos para viajar con la manada.

Los artículos de una enciclopedia tienen palabras en letra más gruesa llamadas encabezamientos. Éstas hacen un resumen de lo que tratará la siguiente sección.

La manada

Los lobos viven en grupos familiares llamados manadas. Una manada puede tener 7 u 8 lobos. El líder es un macho y tiene una hembra como compañera. Sus cachorros también son parte de la manada. En la manada puede haber además una tía o un tío.

 Pensamiento crítico

1. ¿En qué sección puedes encontrar información sobre dónde viven los lobos? **Encabezamientos**

2. Piensa en este artículo de enciclopedia y en *Nutik, el cachorro de lobo*. Escribe una historia sobre cómo hubiera sido la vida de Nutik si no hubiera dejado la manada. **Leer/Escribir para comparar textos**

 Ciencias

Investiga sobre un tipo de lobo y escribe los datos que encuentres sobre ese animal.

Busca más información sobre los lobos en **www.macmillanmh.com**.

Conexión: Lectura y escritura

Escritura

Conclusión

Los buenos escritores ponen una **conclusión** al final de un texto, para darle cierre.

Mi oración final da una conclusión a mi informe.

Repito una vez más el título del libro.

Comentario de un libro

Jan O.

Me gustó leer <u>Animales del mar y de la costa</u> de Ann. O. Squire. El libro describe muchos animales que viven en el mar o cerca del mar. Algunos, como las ballenas, viven en el agua. Otros viven en la orilla, como los caracoles.

También aprendí algunas cosas curiosas. ¿Sabías que las nutrias marinas duermen flotando en sus lomos? Si te gusta aprender sobre animales, te va a gustar leer <u>Animales del mar y de la costa</u>.

320

Tu turno

Un comentario de un libro da información sobre ese libro.

Piensa en un libro que hayas leído.

Escribe un comentario de ese libro. Di si te gustó y explica por qué. Recuerda poner el título del libro subrayado, o entre comillas, y con mayúscula.

Control de escritura

✓ Mi comentario del libro da información clara sobre el libro que leí.

☑ Puse una **conclusión** para dar final a mi comentario.

✓ Di detalles que le dan al lector información específica sobre el libro.

✓ Puse el título del libro subrayado o entre comillas y con mayúscula inicial. Los pronombres concuerdan con los verbos.

Un regalo de cumpleaños

mamá   papá   Jessi

Los amigos de Jessi

Mamá: ¡Hoy vamos al museo de ciencias a celebrar tu cumpleaños!

Jessi: ¡Qué bueno! ¡Es mi lugar favorito! ¿Por favor, puedo invitar a mis amigos Alicia, Sara y Bruno para que vengan conmigo?

Mamá: No, lo siento; sólo tenemos dos entradas. Además tenemos que salir de casa pronto. No quiero que perdamos la película sobre el volcán. ¿Te pusiste el cinturón de seguridad? ¿Recuerdas cómo se va al museo?

Jessi: Sí. Hay que doblar a la izquierda en la calle Álamo, después, al llegar a la estación de servicio, doblar a la derecha en la calle Pino. El museo está a la derecha.

Mamá: Faltan 45 minutos para que empiece la película. ¿Quieres dar una vuelta por el museo?

Jessi: ¡Claro! Vamos a ver la sala de dinosaurios. ¡Los esqueletos de los dinosaurios llegan al techo!

Mamá: Bueno, pero antes paremos en la cafetería un momento. Abramos la puerta.

Jessi: ¿Qué es esto?

Amigos de Jessi: ¡Sorpresa! ¡Feliz cumpleaños!

Mamá y papá: ¡Sorpresa!

Jessi: ¡Viva! ¡Qué gran regalo de cumpleaños!

El invento del cierre de gancho y bucle

¿Alguna vez te has preguntado cómo se les ocurren las ideas a los inventores? ¿Estudian algo con cuidado? ¿Trabajan en pareja? ¿Se les ocurren las ideas por casualidad?

Los inventos pueden empezar de cualquiera de estas maneras o pueden ser el resultado de todas juntas. Eso le pasó a George de Mestral, cuando inventó el cierre de gancho y bucle, que es esa tela adherente que ata zapatos, gorras y mochilas.

El abrojo es el fruto de una planta.

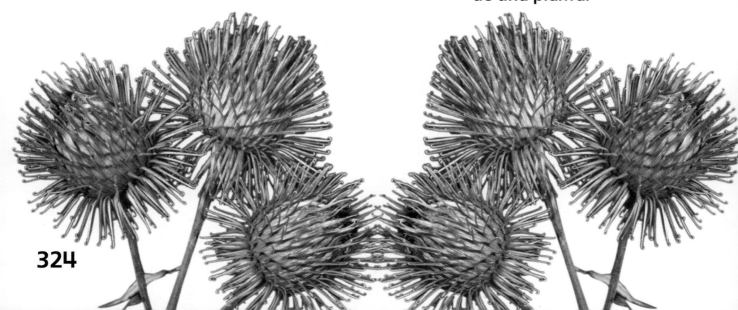

La idea de George comenzó un día cuando regresó a su casa después de una caminata con su perro. Tenía abrojos pegados a sus pantalones, y también había otros en el pelo de su perro. Mientras quitaba los abrojos, George se preguntaba cómo se sostenían.

Entonces comenzó a estudiarlos. Si descubriera el secreto del abrojo para engancharse tan fuerte, podría inventar un buen cierre.

George descubrió el "secreto" con un microscopio, cuando vio que los abrojos estaban cubiertos de unos ganchitos muy pequeños. ¡Los ganchitos se enganchaban en cualquier cosa que tuviera un bucle!

Luego, George trabajó con un especialista en tejidos para hacer unas cintas. Una cinta tendría ganchos y la otra tendría bucles. Cuando las juntaron, sucedió lo mismo que con el abrojo.

Hoy en día, la gente usa este invento en lugar de botones, agujetas o cierres.

gancho

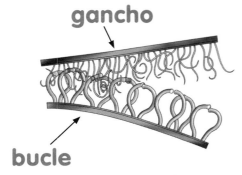

bucle

Los ganchos se enganchan en el bucle de la misma manera que los abrojos se enganchan en el pelo de los animales.

325

Comprensión

Poesía

- Algunos elementos de la poesía, como la rima, el ritmo y la repetición, ayudan a crear imágenes.

- Repasa el poema "El perrito", en la página 124.

- Identifica cuáles son las palabras que riman y dan ritmo al poema.

- Luego, forma un grupo pequeño con otros compañeros y comenta de qué manera las palabras usadas en este poema te ayudan a imaginarte cómo se cuida a un perro.

Escritura

Escribe un poema

- Piensa en tu animal favorito. Escribe un poema que describa cómo es y dónde vive. Incluye palabras que rimen o crea un ritmo.

Estudio de las palabras

Fonética

Segmentar palabras y combinar sílabas

- Lee las siguientes palabras: *fuego, cuidado, ruido, agua, caudal, autor, licuadora*. En una hoja aparte, sepáralas en sílabas. Luego, vuelve a leer las palabras.

- Por último, subraya la sílaba que tiene diptongo en cada palabra.

Ortografía

Palabras que terminan con *z, s*

- Lee las siguientes palabras: *pez, caries, crisis, paz, feliz, virus, autobús.* En una hoja aparte, haz una tabla de dos columnas rotuladas *s* y *z* respectivamente. Luego piensa otras palabras que terminen con *z* o *s* y escríbelas en la columna correspondiente de tu tabla.

- Trabaja con un compañero para escribir los plurales de las palabras de sus listas. Luego, usen las palabras para escribir una rima.

 StudentWorks *Plus* Libro interactivo del estudiante
Actividades interactivas de lecto-escritura www.macmillanmh.com

327

La gran pregunta

¿Cómo aprendemos sobre la naturaleza?

Busca más información
sobre la naturaleza en
www.macmillanmh.com.

Cuando observamos las plantas y los animales, aprendemos cómo viven en sus distintos medio ambientes. Nos damos cuenta de lo diferentes que son los hábitats y de lo que hacen los animales y las plantas para satisfacer sus necesidades en distintos lugares. La gente también usa los recursos naturales del medio ambiente. La madera de los árboles se usa para hacer lápices, el agua de los ríos se usa para cultivar verduras, hortalizas y frutas, y el carbón que se saca de la tierra se usa como combustible. Aprender sobre los recursos naturales nos ayudará a preservar el medio ambiente para que todos los seres vivos tengan lo que necesitan para vivir.

Actividad de investigación

A lo largo de la unidad te vas a ir informando sobre los recursos naturales y el medio ambiente. Elige un tema para investigar, por ejemplo, una forma de ayudar al planeta o las características de un determinado hábitat. Luego, haz un libro de no ficción, con ilustraciones, para describir tu tema.

Anota lo que aprendes

A medida que leas, anota lo que vas aprendiendo sobre el mundo y los recursos naturales. Usa el boletín en capas para anotar lo que aprendes. En la solapa de arriba escribe el tema de la unidad. En cada una de las otras solapas escribe el tema de la semana. Adentro de cada sección escribe lo que aprendas esa semana.

MODELOS DE PAPEL®
Ayudas de estudio

El mundo que nos rodea

Hábitats y hogares

¿Qué necesitan los animales?

Cuidemos nuestro planeta

Ambientes naturales

Así explicaban la naturaleza

Taller de investigación

Haz la investigación de la Unidad 6 con:

Guía de investigación
Sigue la guía paso a paso para hacer tu investigación.

Recursos en Internet
- Buscador por temas y otras herramientas de investigación
- Videos y excursiones virtuales
- Fotos y dibujos para presentaciones
- Artículos y recursos relacionados en Internet

Busca más información en **www.macmillanmh.com**.

TEXAS
Gente y lugares

Centro de flora regional Lady Bird Johnson
La ex primera dama y la actriz Helen Hayes fundaron un gran jardín botánico en Austin para exhibir los paisajes y el patrimonio ecológico de Texas.

Hábitats y hogares

A platicar

¿En qué se parecen los hábitats de los animales y los de la gente? ¿En qué se diferencian?

Conéctate Busca información sobre hábitas y hogares en **www.macmillanmh.com.**

333

Vocabulario

- solar
- ribera
- fogón
- lumbre
- tinieblas
- frondas

✔ Diccionario

Busca estas palabras en el diccionario, verás que algunas son **palabras con varios significados**. Otras tienen un **homónimo**, una palabra igual, pero que significa algo distinto y es otra parte de la oración.

solar (sust) terreno o parcela de tierra.

solar (adj) del sol.

En la cabaña de mi tío Julián

Federico Richard

Todos los años visitamos a mi tío Julián. Él vive muy lejos, en una cabaña en pleno campo. La cabaña es pequeña, pero tiene un **solar** muy grande.

Para llegar allí tenemos que cruzar un río. Un señor que vive en la **ribera** del río nos lleva en su bote de remos.

La vida es diferente en la cabaña. No hay electricidad, y uno se divierte igual. Mi tío nos lleva al río a pescar. A veces volvemos con un gran pez, que mi tío cocina en el **fogón** mientras nos cuenta cuentos.

También salimos a caminar por la ribera y jugamos a ver quién descubre más animales. Lo que más vemos son sapos, aves, tortugas, peces y lagartijas.

Como ahí no hay electricidad, la **lumbre** del fogón nos da luz al anochecer. Y cuando ya es de noche prendemos faroles de aceite para no estar en **tinieblas**. Por la mañana, no necesitamos alarma para despertar. Nos despierta el cantar de los pájaros que viven en las **frondas**.

Volver a leer para **comprender**

✔ Resumir

Propósito del autor

Una manera de resumir es explicar el propósito del autor. ¿Por qué crees que el autor escribió este cuento? Busca las pistas. Vuelve a leer la selección y usa la tabla para ayudarte a resumir el propósito del autor.

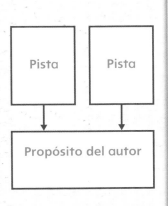

Pista		Pista
	Propósito del autor	

335

Comprensión

Género
Un cuento de **ficción realista** tiene personajes y sucesos inventados que pueden existir en la vida real.

Resumir
Propósito del autor
Al leer, usa la tabla para descubrir el propósito del autor.

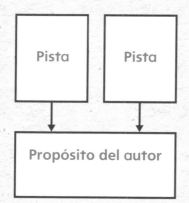

```
┌─────────┐   ┌─────────┐
│  Pista  │   │  Pista  │
│         │   │         │
└────┬────┘   └────┬────┘
     │             │
     ▼             ▼
┌──────────────────────┐
│  Propósito del autor  │
│                       │
└──────────────────────┘
```

Lee para descubrir
¿Qué quiere contarnos el autor de Napí?

Ilustradora premiada

Napí

Antonio Ramírez

ilustraciones de Domi

Mi nombre es Napí, me gusta soñar. Igual que las garzas, vivo a la orilla del río con mi papá y mi mamá, con mi hermanito Niclé y mi abuelo. Somos indios mazatecos. Somos pobres.

En el **solar** de mi casa vive también una *pachota*,
una ceiba, pues. Es un árbol muy alto y hermoso que
protege a mi pueblo. Todas las tardes, al refrescar el
día, mi familia y yo nos sentamos a su sombra.

Allí mi abuelo nos cuenta viejas
historias. En la frescura de la tarde,
veo pasar las aguas del río y observo
los colores mientras mi *náa*, como le
digo en nuestro idioma a mi madre,
me adormece tejiendo mis trenzas.

Así, unas veces adormilada y otras bien despierta, descubro que la tarde se viste de muchos colores. A veces es anaranjada, como el color que agarra la **lumbre** del **fogón** cuando mi *náa* echa tortillas.

343

344

Otras veces, la tarde se viste de morados y violetas. Entonces me recuerda a uno de mis *huipiles*, con bordados de pájaros y flores. Mi madre dice que a ella los violetas y morados la tranquilizan, como que le dan esperanza.

Pero también llega de verde la tarde,
con un verde que se va oscureciendo
poco a poco hasta verse como las partes
más profundas del río. Cuando es así,
casi siempre me quedo dormida, como
un pez que jala el remolino.

Propósito del autor
¿Para qué escribió este cuento
el autor? ¿Quiere entretenernos,
informarnos o convencernos
de algo?

En verdad es muy bella la tarde, pero la noche
también. Cuando la luz del día se va lentamente,
no sé adónde, la noche toma su lugar.

Luego, al quedar todo envuelto en **tinieblas**,
en los árboles de la **ribera** poco a poco florecen
garzas. Estas aves de blanco plumaje se
amontonan en las **frondas** para dormir.

Hasta en la *pachota* se acomodan, aunque ella no
necesita adornos, pues ya de por sí es hermosa.

Siempre he querido a la ceiba como si fuera mi madre. Dice mi abuelo que eso se debe a que soy mazateca, porque entre las raíces de la *pachota* enterraron mi ombligo cuando nací, para que si algún día me alejo de aquí, regrese. También está ahí el ombligo de mi hermano Niclé.

Cuando me acuesto a dormir, pienso que la ceiba
me regala los sueños. Tengo algunos que se repiten...
pero el que prefiero es aquel en que soy una garza.

Me gusta sentir cómo vuelo sobre la corriente del río.
Me siento segura y feliz sostenida por el viento.
Nada más tengo que extender mis alas para que él
me impulse con sus suaves soplidos, y con sólo desearlo,
me dirijo hacia acá o hacia allá.

Mientras vuelo, el agua del río me sonríe con su
gran boca llena de peces, tortugas y camarones.

Siempre antes de regresar a casa, me elevo hasta ver mi pueblo a lo lejos, pequeño y bonito como es.

Cuando me despierto estoy de vuelta en mi cama. Me gusta mucho soñar.

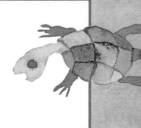

Una pareja que escribe y pinta

Antonio Ramírez es pintor y escritor. *Napí* es su primer libro para niños. Su esposa **Domi** ha ilustrado varios libros. Antonio y Domi viven en Tlaquepaque, México. Cuando tenía 20 años, Domi se puso a pintar una mujer en una pared de su casa y acabó pintando en todas las paredes. Podríamos decir que ella es *Napí*, la niña del cuento, porque Domi es mazateca.

Otro libro escrito por Antonio Ramírez e ilustrado por Domi.

 Busca más información sobre Antonio Ramírez y Domi en **www.macmillanmh.com.**

✔ Propósito del autor

Antonio Ramírez quiere contarnos cómo es la vida de una niña mazateca. ¿Te gustaría vivir así? Escribe tus ideas.

Pensamiento crítico

Volver a contar

Usa las tarjetas para
volver a contar el cuento.

Tarjetas
Cuéntalo otra vez

Pensar y comparar

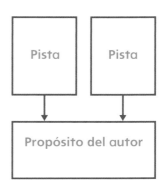

Pista → Propósito del autor ← Pista

1. ¿Por qué crees que el autor escribió
   este cuento? Usa detalles del cuento
   para descubrirlo. Escribe sobre ellos.
   Resumir: Propósito del autor

2. ¿Por qué es tan importante la
   naturaleza para Napí? **Analizar**

3. ¿Qué te gustaría hacer y mirar si vivieras junto a la
   ribera de un río? **Aplicar**

4. ¿Cómo es el lugar donde vives? ¿En qué se parece
   y se diferencia del lugar donde vive Napí? **Evaluar**

5. ¿En qué se parecen el lugar donde vive el tío
   Julián de las páginas 334 y 335 y el lugar donde
   vive Napí? ¿Cómo se sentiría Napí si visitara al tío
   Julián? **Leer/Escribir para comparar textos**

✓ **Ciencias**

Género
No ficción:
Un artículo de
enciclopedia informa
sobre un tema.

✓ **Elemento del texto**
Los artículos de
enciclopedia tienen
varias secciones.
Cada una tiene un
encabezamiento que
indica de qué trata.

Palabras clave
clima templado
fruto
hábitat

La ceiba

La ceiba es un árbol grande y frondoso de **climas templados**, es decir, donde no hace mucho frío. En México a la ceiba también se le llama *pochote* o *pachota*.

El tronco y las ramas

El tronco es grueso y recto. Este árbol busca la luz, y puede crecer tan alto como un edificio de diez pisos. Las ramas, con muchas hojas, se extienden formando una gran sombrilla.

El fruto y las semillas

El **fruto** de la ceiba tiene forma de papaya. Sus semillas, pequeñas y negras, están envueltas en una lana llamada kapoc. La lana se usa para rellenar cojines y salvavidas. Con las semillas se hace un aceite.

Un gran hábitat

La ceiba es un **hábitat**, ya que es el hogar de insectos, pájaros y otros animales. Además, en sus ramas crecen plantas que viven del aire, como las orquídeas. La ceiba protege a la gente con su sombra y sus frutos.

 Pensamiento crítico

1. ¿En qué sección se da información sobre las semillas de la ceiba? **Encabezamientos**

2. Busca en este artículo y en el cuento *Napí* cómo la ceiba protege a la gente. **Leer/ Escribir para comparar textos**

 Ciencias

Busca en la enciclopedia información sobre un árbol que crezca donde tú vives.

 Busca más información sobre la ceiba en **www.macmillanmh.com**.

359

Escritura

Detalles importantes

Los buenos escritores usan **detalles importantes** en sus textos para ilustrar mejor la idea principal.

Conexión: Lectura y escritura

Este detalle describe el calor en el desierto.

Este detalle explica al lector cómo es el cactus.

1 de junio de 2_ _ _

Querida Cecilia,

¿Cómo estás? ¿Sabes que el fin de semana mi papá me llevó a un desierto? Allí viven cactus y unos pocos animales. El lugar caluroso, el aire sofocante, el suelo cuarteado... me parecía que estaba viendo el paisaje a través de un vidrio ondulado. Vi un cactus enorme, de diez pies de altura, todo cubierto de grandes espinas. Mi papá y yo pasamos un lindo día. Te mandaré unas fotos pronto.

Saludos,
María

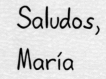

Tu turno

Los animales y las plantas pueden vivir en lugares sorprendentes, como desiertos y selvas tropicales.

Piensa en el hábitat de una planta o de un animal que hayas estudiado.

Escribe una carta para un amigo describiendo ese lugar.

Control de escritura

✓ Escribí una carta que describe claramente el hábitat de una planta o de un animal.

✓ Mis ideas están bien organizadas, dan sentido a mi carta y la hacen fácil de entender.

✓ Puse **detalles importantes** que describen cosas que se ven y se escuchan en el hábitat.

✓ Usé bien las comas, los puntos y coma y los puntos suspensivos. Usé adjetivos para describir los sustantivos.

¿Qué necesitan los animales para vivir?

Busca información sobre lo que los animales necesitan para vivir en **www.macmillanmh.com**.

Conéctate

¿Qué necesitan los animales?

Vocabulario

bestia

fango

mordisquear

peces

acicalarse

útil

Partes de las palabras

Para formar el plural de las palabras, se les agregan al final las terminaciones -s o -es. Si la palabra termina en **z,** se saca la **z** y se agrega -ces.

bestia + *s* = bestias
útil + *es* = útiles
pe(z) + *ces* = peces

Todos los animales necesitan alimento, pero todas las **bestias** se alimentan de distinto modo.

El mapache busca nueces y otras cosas para comer entre la hierba o el **fango**, y lava su alimento antes de comerlo. Cuando la bellota está limpia, el mapache comienza a **mordisquearla**.

El tigre caza para conseguir la carne que le sirve de alimento. Al comer se ensucia mucho la piel y esto le produce picazón. Para aliviarla, se baña en una laguna. Allí puede haber **peces**, pero el tigre no intenta comerlos pues ya está satisfecho. Luego, se tiende al sol para **acicalarse**, alisando y arreglándose su espeso pelaje con la lengua.

La araña también tiene que cazar para conseguir su alimento. Primero hace una red pegajosa llamada telaraña y luego se esconde. La tela es muy **útil** para la araña. Los insectos se quedan pegados a ella. Así, la cena de la araña no puede escapar.

Volver a leer para **comprender**

✔ Hacer preguntas
Comparar y contrastar

Hacerte preguntas te ayuda a comparar y contrastar. Comparar es decir en qué se parecen las cosas. Contrastar es decir en qué se diferencian. Vuelve a leer para averiguar cómo consiguen alimento los animales. Para comparar y contrastar a los animales, usa la tabla.

Animal	Animal	Animal
Hábito	Hábito	Hábito

Género

En un **ensayo fotográfico** se usan principalmente fotos y leyendas para explicar un tema.

✔ Hacer preguntas

Comparar y contrastar
Al leer, usa tu tabla para comparar y contrastar.

Animal	Animal	Animal
Hábito	Hábito	Hábito

Lee para descubrir
¿Qué hacen los diferentes animales para estar limpios?

¡Plif!
¡Plaf!
Los animales se bañan

Selección premiada

APRIL PULLEY SAYRE

¡PLIF!
¡PLAF!

¡A bañarse!

Al meterte al agua,
lava bien tu cuerpo
hasta dejarlo
muy limpio.

Y piensa en los
animales. Ellos
también se bañan.

¡Chaf!

El elefante se echa
agua sobre el lomo.

¡Chuf!

El bebé recibe un
baño también.

Los cerdos se bañan en el **fango** espeso y marrón. Se remojan, se revuelcan, gruñen... y parecen sonreír. El fango les refresca la piel y les quita la picazón.

Las aves se bañan en
los charcos y se duchan bajo los
chorros de agua o las cascadas.

Una vez limpias, **se acicalan** (se alisan, esponjan y enderezan las plumas). Eso es como cuando tú te cepillas el pelo.

Comparar y contrastar
¿Qué hacen las aves después de bañarse, que los cerdos no hacen?

373

Los patos hacen trabajo extra. Esparcen
aceite sobre sus plumas. El aceite les deja las
plumas impermeables. Sin él, los patos estarían
empapados y fríos... ¡y eso no sería propio
de un pato!

os osos tienen un pelaje largo que les pica y se les llena de insectos. Para rascarse cuando tienen comezón, los osos se restriegan contra un árbol.

Los osos también se dan baños de polvo. Se revuelcan en la tierra, o nadan y chapotean en los arroyos anchos y frescos.

Hasta el rey de las **bestias** se puede ensuciar como cualquier animal. Así que los leones hacen lo mismo que hacen los gatos en las casas. Lamen su largo pelaje para limpiarlo. Pero ni siquiera la lengua de un león alcanza la parte de atrás de su cabeza... entonces se lame una pata y se la pasa por la cabeza y las orejas.

Un peine puede ser muy **útil** para limpiar el pelo de un chimpancé. Pero los chimpancés no tienen peines, de modo que los dedos les vienen bien.

Si encuentran insectos en la piel de sus familiares y amigos, los **mordisquean** y los sacan, y les quitan hojas secas. Y si no, ¿para qué están los amigos?

Unas aves llamadas picabueyes siempre andan juntas. ¿Dónde? Sobre los lomos de las jirafas. A las jirafas no les molesta, porque los picabueyes les quitan las garrapatas. Así, ellos comen y la jirafa queda limpia.

Los hipopótamos también tienen ayudantes.
Pero estos ayudantes están debajo del agua, en
los ríos y lagunas por donde nadan los hipopótamos.
Los **peces** se comen las algas y así las quitan de
la piel del hipopótamo. ¿Le hacen cosquillas al
hipopótamo? Sólo los hipopótamos lo saben.
Y no lo dicen.

Los peces viven en el agua y no se bañan. Pero tratan de mantenerse limpios. Los peces grandes esperan en fila, no por un lavado de autos, sino para que pase el pez limpiador.

Mordisco a mordisco, el pez limpiador quita los animalitos que viven en las escamas del pez grande. Así el pez grande queda limpio y el pez limpiador obtiene alimento. ¡Ése sí que es un buen trato!

Comparar y contrastar
Compara y contrasta las maneras en que algunos animales ayudan a otros a estar limpios.

Por allí cerca, un camarón se mete en la boca de una anguila morena.

¿Se convertirá en la cena de la anguila? No esta vez. Es un camarón limpiador, el dentista de los animales.

Escarba y se come la comida que quedó entre los dientes de la morena. No habrá camarón para la cena, más bien, ésta es la hora de la cena para el camarón.

Ahora que ya sabes sobre los baños de los animales, sobre sus dentistas, y sobre cómo los animales hacen ˝¡plif!, ¡plaf!˝, picotean y se acicalan, es hora de que tú tomes tu baño.

Haz ¡plif!, ¡plaf! y piensa en los animales. Ellos se están limpiando también.

¡Plif! ¡Plaf!
April se divierte trabajando

April Pulley Sayre ha escrito más de 50 libros. Muchos de ellos son sobre plantas y animales.

Dice April: "Cuando era niña, me pasaba horas juntando flores, observando insectos, leyendo libros y escribiendo. Ahora hago lo mismo, pero es mi trabajo."

La parte que April prefiere de su trabajo es la investigación. Le gusta leer libros y revistas, llamar a la gente y visitar museos, parques y lugares silvestres.

Conéctate Busca más información sobre April Pulley Sayre en **www.macmillanmh.com.**

 Propósito de la autora

April quiso mostrarnos cómo se mantienen limpios los animales. Escribe lo que tú haces todos los días para estar limpio.

388

Pensamiento crítico

Volver a contar
Usa las tarjetas para
volver a contar el cuento.

Tarjetas *Cuéntalo otra vez*

Pensar y comparar

1. ¿En qué se parecen todos
   los animales de esta
   selección? ¿En qué se
   diferencian? **Hacer
   preguntas: Comparar
   y contrastar**

Animal	Animal	Animal
Hábito	Hábito	Hábito

2. Vuelve a leer las páginas 378 y 379. ¿Por qué
   un peine podría serle **útil** a un chimpancé para
   limpiar su pelaje? **Analizar**

3. ¿Qué animal te parece que se baña de una
   manera muy poco común? ¿Por qué? **Evaluar**

4. ¿Por qué necesitan mantenerse limpios
   los animales? **Aplicar**

5. ¿En qué se parecen la lectura de las páginas 364 y
   365, y *¡Plif! ¡Plaf! Los animales se bañan*? ¿En qué
   se diferencian? **Leer/Escribir para
   comparar textos**

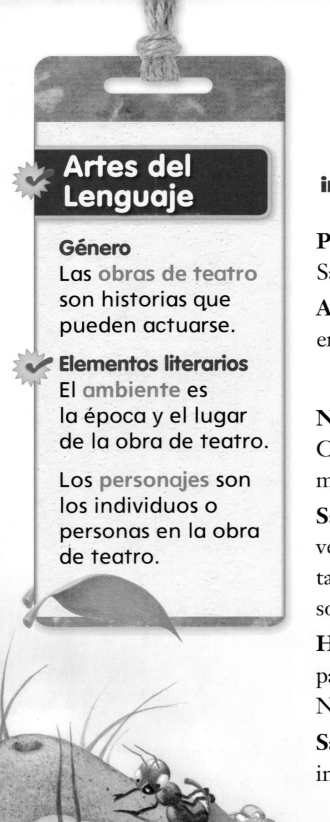

Hormiga y Saltamontes

inspirada en una fábula de Esopo

Personajes: Narrador, Hormiga, Saltamontes

Ambiente: un prado con un hormiguero en verano

Escena 1

Narrador: Era verano en el prado. Casi todos los insectos trabajaban mucho juntando comida.

Saltamontes: ¡Qué hermoso día de verano! Hormiga, ¿por qué trabajas tanto? ¡Ven a jugar conmigo a saltar sobre las hojas!

Hormiga: Estoy guardando comida para el invierno, así no pasaré hambre. No tengo tiempo para jugar.

Saltamontes: ¡Falta tanto para el invierno! ¡Tienes mucho tiempo!

Hormiga: El invierno es largo. ¡Hay que estar preparado! Tú también deberías guardar comida.

Saltamontes: La semana que viene... No hay apuro.

Narrador: Semana tras semana, Hormiga trabajaba. Semana tras semana, Saltamontes jugaba y saltaba.

Escena 2

Narrador: Pronto llegó el invierno y el prado se cubrió de nieve. No había comida por ninguna parte.

Saltamontes: Hormiga, ayúdame por favor. Tengo frío y hambre.

Hormiga: ¡Ay Saltamontes, tú no te preparaste! Te voy a dar algo de comida, pero el próximo verano tendrás que recoger tu alimento tú mismo.

Narrador: Hormiga le dio algo de comida a Saltamontes. ¡Y también le enseñó una importante lección!

 Pensamiento crítico

1. ¿Por qué el ambiente de la obra de teatro es importante para la historia? **Ambiente**

2. Piensa en la obra de teatro y en *¡Plif! ¡Plaf! Los animales se bañan.* ¿Qué hacen los animales de ambas lecturas para satisfacer sus necesidades? **Leer/Escribir para comparar textos**

Busca información sobre fábulas en **www.macmillanmh.com.**

Conexión: Lectura y escritura

Escritura

Oración del tema

Acuérdate de escribir una oración del tema clara al empezar cada párrafo. Una oración del tema clara dice de qué trata el párrafo.

Ésta es mi oración del tema, la oración principal.

Esta oración da detalles de mi oración principal.

① Notas

Chimpancés, África

② Notas

Rocas
Ramas

③ Notas

Quita las hojas de las ramas. Mete las ramas en los nidos de las termitas. Se come los insectos.

Los chimpancés usan herramientas

Jewel W.

Los chimpancés usan herramientas simples para conseguir comida (una herramienta puede ser algo de la naturaleza). En África, los chimpancés usan piedras para romper la cáscara de las nueces. Otros chimpancés usan ramitas para sacar termitas de los termiteros (para coméserlas).

Tu turno

Todos los animales necesitan algo.

Piensa en animales que conozcas.
Elige uno para investigar cuáles son
sus necesidades. Enfocarte en el tema
facilitará tu investigación. Escribe
un resumen sobre lo que investigaste.

Usa paréntesis o asteriscos si
necesitas aclarar algo.

Control de escritura

✓ Mi resumen es sobre el tema que elegí.

☑ Mi resumen empieza con una oración del
tema clara.

✓ Agregué oraciones con detalles y ejemplos
relacionados con el tema de mi investigación.

✓ Puse bien los signos de puntuación. Usé
adjetivos que concuerdan con los sustantivos.
Usé bien los paréntesis y los asteriscos.

A platicar

¿Cómo las personas dañamos la Tierra? ¿Qué puede hacer la gente para ayudarla?

Busca información sobre formas de ayudar a la Tierra en **www.macmillanmh.com.**

TIME FOR KIDS®

Cuidemos nuestro
planeta

Marmota
de la pradera

conservación

permanecer

dificultad

extinguirse

desafío

Problema en la pradera

"En realidad, no queda mucho tiempo para salvar la pradera", dice Ron Cole. Una pradera es un área grande y plana cubierta de hierbas.

Las praderas tienen muy pocos árboles. Hace tiempo las praderas se extendían por toda la zona central de Estados Unidos. Hoy en día, la mayor parte de esas tierras están cubiertas por granjas y ciudades.

Ron trabaja con un grupo de **conservación** que enseña a las personas a cuidar la pradera para proteger las que aún **permanecen** naturales. Eso ayudará a salvar las plantas y los animales que viven allí.

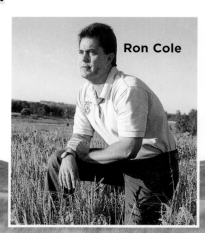

Ron Cole

Una pradera de Dakota del Sur

396

¡CUIDADO!
¡YA CASI DESAPARECEMOS!

Los especialistas nos advierten que muchos animales de nuestro planeta están en **dificultades**. ¡Más de mil especies de animales están en peligro! Eso significa que pueden desaparecer para siempre, o sea, **extinguirse**.

Es natural que algunas plantas y animales se extingan, pero a causa de la gente se están extinguiendo más seres vivos que nunca. Cuando la gente tala los bosques, arrasa las praderas o se establece en los desiertos, desplaza a las plantas y a los animales que son naturales del lugar.

Proteger a las especies en peligro es un gran **desafío**. La buena noticia es que muchas personas están trabajando para resolver este problema.

El cóndor de California es una especie en peligro de extinción.

Animales en peligro de extinción

Anfibios: unas 30 especies

Insectos: unas 50 especies

Peces: unas 130 especies

Aves: unas 275 especies

Mamíferos: unas 350 especies

Esta gráfica muestra el número de especies de animales que están en peligro de extinción.

 Busca información sobre animales en peligro de extinción en **www.macmillanmh.com**.

Una forma de ayudar a la Tierra

Las botellas de plástico forman altas pilas en los centros de reciclaje.

¿Qué podemos hacer para mantener limpia la Tierra?

Mantener sana la Tierra es importante. De eso se trata la **conservación** ambiental. Las personas que hacen eso trabajan para mantener limpios el aire, la tierra y el agua. También trabajan para evitar que las plantas y los animales en peligro **se extingan**.

Uno de los mayores **desafíos** es resolver el problema de la basura. La **dificultad** que causa la basura es que se amontona cada vez más y podríamos quedarnos sin lugares donde ponerla.

398

Una gran parte de nuestra basura es plástico. Los refrescos, el agua, el champú vienen en envases de plástico. Ése es uno de los peores problemas con la basura: tiramos demasiado plástico. Cuando echamos a la basura una botella de plástico, **permanece** como basura durante años. El plástico no puede destruirse.

¿Podemos hacer algo mejor con el plástico? ¡Sí! Podemos reciclarlo.

Reciclar es tomar algo usado y convertirlo en algo nuevo para usarlo otra vez. Una botella vieja de plástico puede convertirse en basura o puede reciclarse para hacer algo nuevo, y así usar el mismo plástico nuevamente, en lugar de tirarlo.

La gente recicla plástico y vidrio en la casa y en la escuela.

1 Las botellas de plástico se separan de la otra basura.

2 Los camiones de sanidad recogen lo reciclable.

3 Los plásticos se llevan a un centro de reciclaje.

4 Se rompen las botellas en pequeños pedazos.

Esto funciona así. Las personas guardan sus botellas de plástico. Un camión especial las recoge y las lleva a un centro de reciclaje. Allí, todas las botellas se rompen en muchos pedacitos. Luego, estos pedacitos de plástico son derretidos. El plástico derretido se lleva a una fábrica.

En la fábrica, el plástico viejo se convierte en algo nuevo. Puede convertirse en una nueva botella o en un tapete nuevo. Puede convertirse en una mochila ¡o quizás hasta en el tobogán de un patio o de un parque!

5 Una fábrica convierte el plástico reciclado en algo nuevo y útil.

Un maestro y sus estudiantes visitan un centro de reciclaje.

A veces no es mucho lo que los niños pueden hacer para resolver los problemas del planeta. Pero sí pueden hacer mucho con la basura. ¡Todas las personas, jóvenes o mayores, pueden reciclar!

✔ Pensamiento crítico

1. ¿Por qué causa problemas el plástico?

2. Describe cómo se vería la Tierra si no recicláramos.

3. Además de reciclar, ¿cómo mantiene limpia la Tierra tu comunidad?

4. Las praderas se reducen, los animales se extinguen, y se tira demasiado plástico. ¿Cómo ha causado la gente estos problemas?

401

Muestra lo que sabes

Ahí mismo
La respuesta está aquí mismo en la página. Lee en busca de pistas para encontrar la respuesta.

PROBLEMAS CON EL AGUA

Cormelia Gogu vive en Rumania. El año pasado su escuela no tenía agua limpia para beber porque las cañerías estaban viejas y oxidadas. Trabajadores de varios países cambiaron los caños y ahora la escuela tiene agua limpia.

Para Cormelia, el agua no es común. En Estados Unidos abrimos un grifo y obtenemos agua limpia, pero en otros países obtienen agua sucia.

La mayor parte de la Tierra está cubierta de agua, pero sólo una pequeña cantidad puede beberse sin riesgo. En muchos lugares, el agua es tan sucia que no puede beberse. En otros lugares llueve poco y el agua no alcanza para regar los cultivos.

Hay grupos, como la Organización de las Naciones Unidas (ONU), que trabajan para resolver estos problemas. Si ahorramos agua, todos tendremos agua para beber.

Estos niños de Guatemala beben agua limpia de un grifo por primera vez en su vida.

402

INSTRUCCIONES

Decide cuál es la mejor respuesta para cada pregunta.

1   Observa el diagrama con información del artículo.

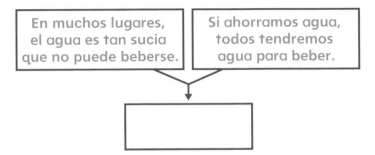

En muchos lugares, el agua es tan sucia que no puede beberse.

Si ahorramos agua, todos tendremos agua para beber.

¿Qué información corresponde al recuadro vacío?

(A) explicar cómo reparar viejas cañerías oxidadas

(B) enseñar a los lectores a derrochar agua

(C) contar una historia sobre lluvias fuertes

(D) explicar por qué es importante no derrochar el agua limpia

2   **¿Cuál es el tema principal del tercer párrafo?**

(A) cuánta agua hay en la Tierra

(B) cultivos que crecen sin agua

(C) por qué hay agua que no se puede beber

(D) de dónde viene el agua sucia

3   **Para Cormelia el agua limpia no es común porque —**

(A) su escuela tiene nuevas cañerías.

(B) la ONU la ayudará.

(C) en su escuela sólo había agua sucia.

(D) su país usa agua de lluvia para regar los cultivos.

A escribir

Tomás escribió varios párrafos para explicar cómo puede cuidar los recursos de la Tierra.

Conté mi idea principal al comienzo de mi escrito. Luego usé detalles para apoyar mi idea.

Todos necesitamos la Tierra

La Tierra tiene muchos recursos. Tenemos tierra, agua y aire. Necesitamos cuidarlos y mantenerlos limpios.

Los agricultores cultivan la tierra. Si ponemos veneno en la tierra, los cultivos no crecerán. Si ponemos edificios por todos lados, no habrá granjas. Necesitamos conservar tierras fértiles.

Todos necesitamos agua para beber y limpiarnos pero las personas desperdician el agua. Si nos quedamos sin agua, no podremos vivir.

También tenemos que cuidar el aire. Necesitamos aire limpio para respirar. Si no usamos tanto los autos, el aire estará más limpio.

¡Debemos salvar los recursos de la Tierra!

Tu turno

Escribe sobre el tema que se te da en el recuadro. Escribe durante 10 minutos todo lo que puedas y lo mejor que puedas. Lee las pautas antes de escribir y revísalas cuando termines tu escrito.

> Hay muchas maneras de cuidar nuestro ambiente. Piensa en algunas. Escribe sobre lo que la gente puede hacer para cuidar la tierra, el agua y el aire.

Pautas para escribir

- ☑ Piensa en tu propósito para escribir.

- ☑ Fórmate una opinión sobre el tema.

- ☑ Usa razones para apoyar tu opinión.

- ☑ Asegúrate de que tus ideas sean lógicas y estén organizadas.

¿Cómo es la naturaleza en una selva tropical? ¿Cómo son el clima, las plantas, los animales salvajes?

Busca información sobre la selva tropical en **www.macmillanmh.com.**

Ambientes naturales

La selva y sus animales

Vocabulario

tropical

parpadear

guacamayo

ocelote

filoso

sisear

Partes de las palabras

Para formar el plural de las palabras, se les agregan al final las terminaciones -s o -es. Si la palabra termina en *z,* se saca la *z* y se agrega -ces.

guacamayo + *s* = *guacamayos*

tropical + *es* = *tropicales*

En las selvas **tropicales** crecen muchas plantas y animales. Allí siempre hace calor y llueve mucho. Las selvas están en los trópicos, que son la parte más calurosa de la Tierra, ubicada a ambos lados del ecuador. El ecuador es una línea imaginaria que divide a la Tierra en dos mitades.

En la selva hay tanto que ver, que uno no quiere ni **parpadear**, para no perderse nada.

El clima de la selva tropical hace que allí vivan animales de todas clases. Hay insectos que no se ven en ninguna otra parte del mundo. Hay **guacamayos** con bellas plumas muy coloridas: rojas, verdes, azules y amarillas. En los árboles viven pájaros, monos, ranas y muchos otros animales. Algunos, como los **ocelotes** y los jaguares, duermen de día y salen de noche. El ocelote tiene garras y dientes **filosos**. Se parece al tigre pero es más pequeño.

En la selva siempre hay algún animal haciendo ruido. Las serpientes **sisean**. Las ranas croan. Los monos chillan en los árboles. Miles de insectos zumban por todos lados. Los pájaros cantan de mil maneras. La selva tropical es una maravilla de colores y sonidos.

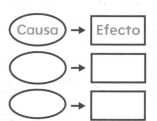

Volver a leer para **comprender**

✔ **Volver a leer**

Causa y efecto

¿Qué causa que muchos animales diferentes vivan en la selva tropical? Vuelve a leer el artículo y usa la tabla de causa y efecto para ayudarte.

Causa	→	Efecto
	→	
	→	

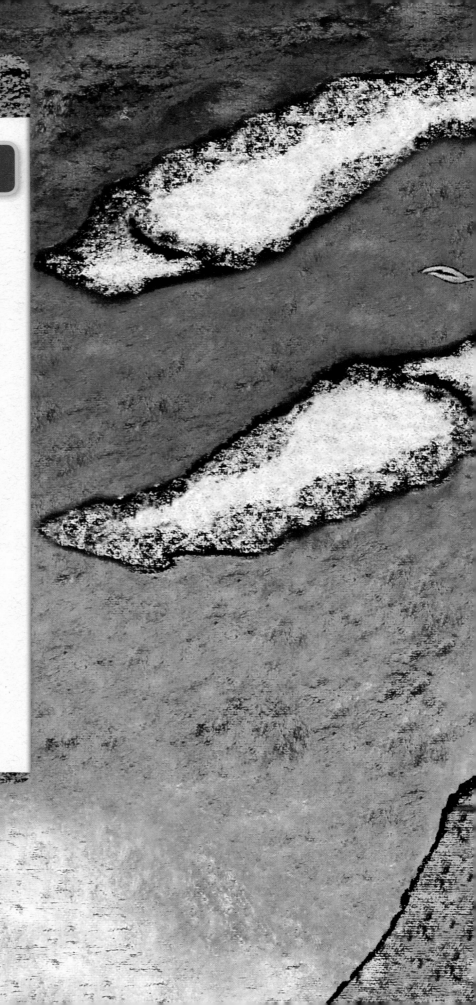

Comprensión

Género
Un **cuento informativo** es una historia inventada que da información sobre un tema.

Volver a leer
Causa y efecto
Al leer, usa el diagrama de causa y efecto.

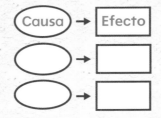

Lee para descubrir
¿Qué sabes sobre los gecos y sobre la selva?

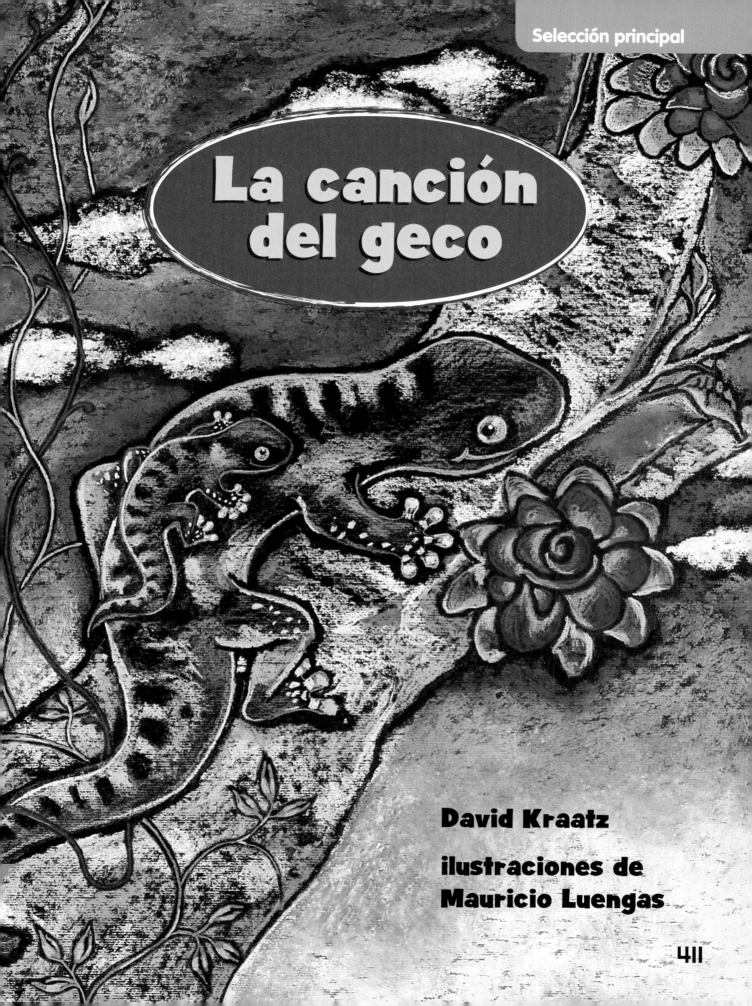

La canción del geco

David Kraatz

ilustraciones de Mauricio Luengas

411

Una noche obscura, en una selva **tropical**, nació un grupo de pequeños lagartos gecos. A uno de ellos, el último que nació, lo llamaron Chaco.

Chaco era de un hermoso color moreno con manchas negras en su espalda. Tenía los mismos colores de la selva.

Chaco dormía durante el día, y de noche jugaba durante horas, persiguiendo a sus hermanos por los árboles.

Cuando Chaco y sus hermanos escuchaban la llamada de su mamá, "¡geco, geco, geco!", todos venían corriendo.

A Chaco le encantaba el sonido que hacía su mamá. Sus hermanos también podían cantar "geco, geco". Pero por más que Chaco trataba, no podía hacer el sonido. Por eso, solamente sonreía.

Un día, la mamá de Chaco le dijo:
—¡Geco, geco! Súbete en mi espalda. Vamos a ir a cazar.

Chaco se pegó a la espalda de su mamá con sus dedos pegajosos. Su mamá vio un mosquito sabroso y rápidamente salió a cazarlo.

Chaco saltaba mientras su mamá perseguía
al mosquito sobre piedras **filosas**.
Al principio disfrutaba del paseo, pero después
se asustó. Apenas podía agarrarse.

El mosquito voló arriba de un árbol. Su mamá
lo perseguía.

De repente… ¡¡¡BAM!!! … Chaco chocó
con una rama y se cayó. Al levantarse, no había
ninguna seña de su mamá. La noche era muy
obscura y se sentía muy solito y con mucho miedo.

Chaco caminó por el suelo del bosque, el primer piso de la selva tropical. Trataba de no llorar cuando se sorprendió al ver al animal más extraño que jamás había visto: un oso hormiguero con un hocico largo y una cola cubierta de pelo largo.

—Sss, sss, sss —**siseó** el oso hormiguero—. ¿Andas perdido pequeño geco?

Chaco quiso responder, pero no entendía el idioma de los osos hormigueros. Así que siguió caminando.

Causa y efecto
¿Qué causó que Chaco se perdiera y se apartara de su mamá una noche en la selva?

420

Al rato, Chaco escuchó un movimiento
que venía de arriba. Un sapo dorado se le acercó.
El sapo era tan brillante que parecía haberse
metido en pintura dorada. Chaco **parpadeó** para
asegurarse de que no estaba imaginando cosas.

—Cro, cro, cro —croó el sapo dorado—.
¿Andas perdido, pequeño geco?

Chaco quiso responder, pero tampoco
entendía el idioma de los sapos dorados. Así
que siguió caminando.

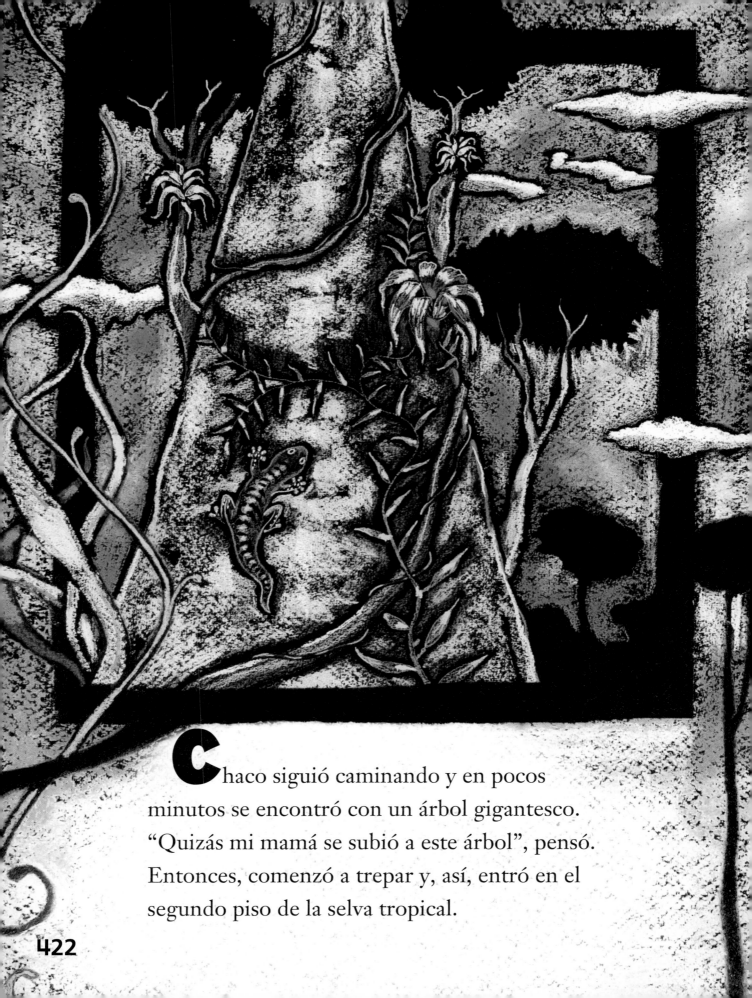

Chaco siguió caminando y en pocos minutos se encontró con un árbol gigantesco. "Quizás mi mamá se subió a este árbol", pensó. Entonces, comenzó a trepar y, así, entró en el segundo piso de la selva tropical.

De repente Chaco se detuvo. Un enorme
gato brincó ante él.

—¡Rau, rau, rau! —rugió el **ocelote**—. ¿Andas
perdido, pequeño geco?

Chaco quiso responder, pero tampoco entendía el
idioma de los ocelotes. Decepcionado, siguió su camino.

423

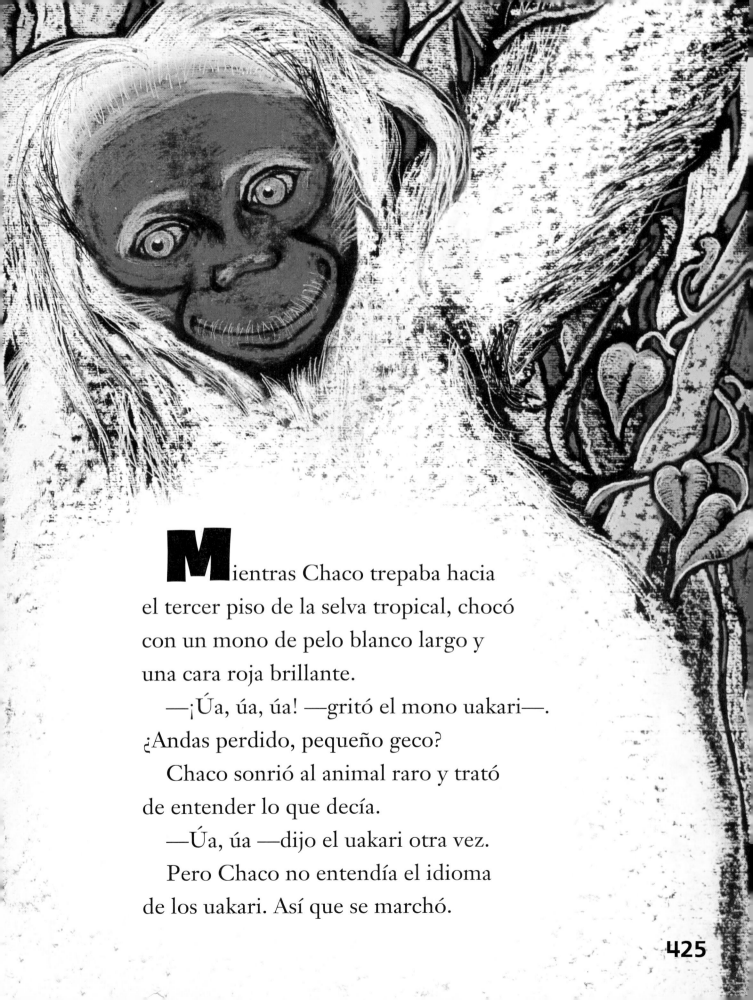

Mientras Chaco trepaba hacia
el tercer piso de la selva tropical, chocó
con un mono de pelo blanco largo y
una cara roja brillante.

—¡Úa, úa, úa! —gritó el mono uakari—.
¿Andas perdido, pequeño geco?

Chaco sonrió al animal raro y trató
de entender lo que decía.

—Úa, úa —dijo el uakari otra vez.

Pero Chaco no entendía el idioma
de los uakari. Así que se marchó.

Cansado y asustado, por fin Chaco
entró en el cuarto y más alto piso de toda
la selva tropical. Era muy alto.

Mientras Chaco se echó a descansar,
un papagayo se posó junto a él sobre
una rama.

Se veía que éste no era un papagayo común
y corriente. Sus colores bailaban como
un arco iris en el sol brillante.

—¡Co, co, co! —chilló el **guacamayo**—.
¿Andas perdido, pequeño geco?

Chaco escuchaba atentamente, tratando de
entender al guacamayo. De repente, escuchó
un chasquido familiar, "¡geco, geco, geco!"

Causa y efecto
¿Qué efecto o efectos tuvo que Chaco anduviera solo en la selva? Escribe sobre eso.

Chaco entendía aquel idioma.
Le pareció el sonido más dulce que había
escuchado en toda su vida.

—¡Geco, geco! —llamaba su mamá.

Chaco trató de responder.

—¡Geco, geco! —cantó fuertemente.

"¡Ya puedo hablar!" pensó Chaco. "¡¡Ya
puedo hablar!!"

—¡Geco, geco! —cantó de nuevo.

—¡Geco, geco! —contestó su mamá.

Chaco brincó sobre la espalda de su mamá
y juntos los dos cantaron la canción del geco.

David Kraatz escribió *La canción del geco* para informarnos sobre la selva y sus animales. Para explicar cómo es una selva tropical, David usó su imaginación. Comparó la selva con un edificio de varios pisos. Usar la imaginación es muy importante para un escritor.

El pintor **Mauricio Luengas** nació en Colombia. Comenzó a pintar a los cuatro años, cuando su mamá le regaló unas tizas pastel. "Cuando pinto, pienso en mis recuerdos", dice.

Busca más información sobre David Kraatz y Mauricio Luengas en **www.macmillanmh.com.**

 Propósito del autor

David Kraatz ha querido enseñarnos sobre algunos animales que viven en la selva tropical. Piensa en otro animal que viva en la selva. Escribe sobre él. Explica cómo es, qué come y qué le gusta hacer.

Pensamiento crítico

Volver a contar

Usa las tarjetas para
volver a contar el cuento.

**Tarjetas
Cuéntalo otra vez**

Pensar y comparar

1. ¿Qué causas y efectos puedes notar en este cuento? **Volver a leer: Causa y efecto**

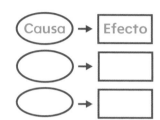

2. ¿Por qué crees que Chaco no puede entender a los otros animales? **Analizar**

3. ¿Cuáles crees que son las causas de que en cada piso de la selva **tropical** vivan diferentes animales? **Sintetizar**

4. ¿Por qué el pequeño geco necesita a su mamá? ¿Qué efecto tendría no encontrarla? **Evaluar**

5. ¿En qué se parecen el cuento *La canción del geco* y el artículo de las páginas 408 y 409, "La selva y sus animales"? ¿En qué se diferencian? **Leer/Escribir para comparar textos**

LA AMAZONIA

La selva tropical más grande del mundo es la selva amazónica, o Amazonia, en América del Sur. Es casi tan grande como Europa y crece alrededor del río Amazonas y sus **afluentes**. El río Amazonas es el segundo río más largo del mundo.

La Amazonia es el hogar de millones de especies de plantas y animales. Es el **ecosistema** más variado del planeta.

Los pisos de la selva

La selva es como un edificio con varios pisos. Cada piso, o nivel, tiene plantas y animales diferentes. Hay cuatro niveles principales: el "suelo forestal", cerca del piso; los arbustos y árboles bajos; los árboles medianos; y la "cubierta de copas", en las copas de los árboles más altos. Algunos animales pasan toda su vida en un mismo nivel. Los que viven en la cubierta de copas están **adaptados** para trepar, saltar y volar entre los árboles.

433

Animales de la Amazonia

Nombre	Tipo de animal	¿En peligro de extinción?
tití dorado	mono	sí
mariposa morpho azul	insecto	no
rana punta de flecha	anfibio venenoso	amenazada
oso hormiguero gigante	marsupial	sí
jaguar	carnívoro nocturno	sí
tucán arco iris	ave	no
raya a lunares	pez	sí

El nombre del animal se da en la primera columna.

En la misma hilera se da más información.

434

Los animales

En la Amazonia hay millones de animales de todo tipo. Desde pequeños insectos y ranas hasta enormes jaguares y boas.

Algunos son de colores vivos, como muchas aves, ranas y mariposas. Otros tienen los colores de la selva, que los ayudan a esconderse. Algunos son **nocturnos**, sólo salen a buscar comida de noche y duermen durante el día, como el tapir y el jaguar. Muchos están en peligro de extinción.

 Pensamiento crítico

1. ¿Qué animales están en peligro de extinción en la Amazonia? ¿Qué tipo de animales son? **Tabla**

2. Piensa en los animales del cuento *La canción del geco*. ¿Cuál es más parecido al jaguar? **Leer/Escribir para comparar textos**

 Ciencias

Busca información sobre tres o cuatro animales en una enciclopedia. Haz una tabla con dos datos de cada animal.

 Busca más información sobre la selva en **www.macmillanmh.com**.

Diferentes tipos de oraciones

Los buenos escritores usan **diferentes tipos de oraciones** para que su escritura sea más interesante.

Comienzo con una oración afirmativa.

Aquí hice una pregunta para poner diferentes tipos de oraciones.

Lluvia y nieve

Pedro V.

La lluvia y la nieve traen agua para los seres vivos. Las dos son agua en diferente forma. ¿Sabías que la lluvia y la nieve son parte del ciclo del agua? Cuando las nubes se llenan de agua, el agua cae en forma de lluvia o de nieve. Cuando la temperatura es más fría que el punto de congelación, el agua cae en forma de nieve, pero si el día es más cálido, entonces cae lluvia.

Tu turno

Todos conocemos distintos estados del tiempo: lluvioso, soleado, etc.

Piensa en lo que sabes sobre los distintos tipos de tiempo.

Escribe un párrafo para comparar dos estados del tiempo.

Control de escritura

✓ Escribí un párrafo que compara claramente dos estados del tiempo.

☑ Usé oraciones de diferentes tipos y de diferentes longitudes para hacer más interesante mi escrito.

✓ Puse punto y seguido para separar las oraciones dentro del mismo párrafo.

✓ Usé las mayúsculas y los signos de puntuación correctos en cada oración. Usé bien los adjetivos comparativos.

Así explicaban la naturaleza

A platicar

Describe las cosas
que ves en el cielo.
¿Cómo se explicaba
el mundo natural
la gente de hace
mucho tiempo?

Conéctate

Busca más información
sobre la naturaleza en
www.macmillanmh.com.

Vocabulario

- señal
- azar
- tótem
- acuerdo
- recolectar
- tallar

✔ Claves de contexto

Las **claves de contexto** son palabras que están en el texto y que te dan pistas sobre el significado de las palabras que no conoces.

una *señal* = un signo, un aviso

al *azar* = por casualidad

Personajes

| Narrador | Luna |
| Sol | Agua |

Escena uno: La casa de Sol y Luna

Narrador: Hace mucho tiempo, Sol y Luna vivían en la Tierra.

Luna: Sol, veo una **señal** en el cielo. Es un signo, un aviso.

Sol: Sí, las nubes no toman esas formas al **azar**. Debe haber una razón. Agua controla las nubes. Creo que ella me está pidiendo que la visite.

Narrador: Sol y Agua eran amigos. Pero Agua nunca visitaba la casa de Sol y Luna.

Escena dos: Otro día, en casa de Agua

Sol: Agua, ven a visitar nuestra casa.

Agua: No quepo en tu casa, es muy pequeña.

Sol: Entonces, hagamos un **acuerdo**: Luna y yo haremos una casa grande y entonces tú vendrás a visitarnos.

Escena tres: La casa de Sol y Luna

Narrador: Más tarde, Sol y Luna pensaron y hablaron, y al fin decidieron hacer una casa de madera.

Luna: Voy a **recolectar** la madera y la pondré en una pila.

Sol: Gracias. Cuando terminemos la casa, voy a **tallar** un **tótem** en un tronco para ponerlo cerca de la puerta.

Escena cuatro: Más tarde en la casa nueva de Sol y Luna

Narrador: Sol y Luna terminaron la nueva casa. Llegó el momento de la visita de Agua.

Agua: Hola amigos. ¿Puedo pasar?

Narrador: Agua entró a la casa y llenó cada rincón. La casa seguía siendo muy pequeña. No quedaba espacio para los tres. Entonces, Luna y Sol decidieron irse a vivir al cielo, donde todavía hoy están.

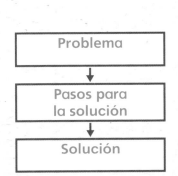

Volver a leer para **comprender**

✔ **Visualizar**

Problema y solución

Visualizar, o formar imágenes en tu mente, puede ayudarte a entender el problema y la solución en un cuento. Vuelve a leer la obra de teatro y usa este diagrama para entender mejor el problema de los personajes y cómo lo resuelven.

Problema

↓

Pasos para la solución

↓

Solución

Comprensión

Género
Un obra de teatro es un cuento que puede actuarse.

Visualizar
Problema y solución
A medida que leas, usa el diagrama de problema y solución.

Problema

↓

Pasos para la solución

↓

Solución

Lee para descubrir
¿Qué problema tienen estas personas? ¿Cómo lo resuelven?

Cuando subieron el cielo

JOSEPH BRUCHAC

ILUSTRACIONES DE STEFANO VITALE

Autor premiado

SNOHOMISH

El pueblo Snohomish vivió en la región del Noroeste, en lo que hoy conocemos como Washington. Ellos pescaban en el mar y **recolectaban** alimento en la costa. Hacían sus casas con la madera de los árboles y **tallaban** madera para hacer muchas cosas que usaban a diario, como vasijas y remos.

Como otros pueblos de la región, usaban los troncos para tallar **tótems**, los cuales contaban la historia y los relatos del pueblo. *Cuando subieron el cielo,* es un relato de los Snohomish y está tallado en un tótem en Everett, Washington.

Personajes que hablan: narrador, hombre alto, niña, madre, niño, primer jefe, segundo jefe, tercer jefe, cuarto jefe, quinto jefe, sexto jefe y séptimo jefe

Personajes que no hablan: perro, ciervo, alce, cabra, león, conejo, halcón, águila y gaviota

Decorado: La aldea puede ser un telón de fondo pintado con casas entre los árboles. Atrás se ve el océano.

Vestuario: Las personas pueden llevar mantas o toallas. Los jefes las llevan sobre los hombros, y los otros humanos las llevan alrededor de la cintura. Los personajes animales pueden usar pintura para la cara o máscaras hechas con platos de papel.

ESCENA 1: Una aldea entre muchos árboles altos. *Hombre alto, niña, madre y niño están de pie en el escenario.*

Narrador: Hace mucho tiempo el cielo estaba muy cerca de la tierra. El cielo estaba tan cerca que algunas personas podían llegar a él de un brinco. Los que no eran buenos saltadores podían treparse a los pinos altos y entrar caminando. Pero la gente no era feliz con el cielo tan cerca de la tierra. Las personas altas a cada rato se golpeaban la cabeza contra el cielo. Y había otros problemas.

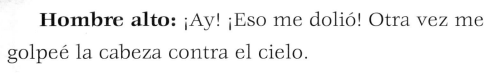

Hombre alto: ¡Ay! ¡Eso me dolió! Otra vez me golpeé la cabeza contra el cielo.

Niña: Yo arrojé mi pelota y cayó en el cielo. No puedo recuperarla.

Madre: ¿Dónde está mi hijo? ¿Otra vez se trepó a un árbol y se metió en el cielo?

Niño: Cada vez que tiro con mi arco, ¡las flechas se enganchan en el cielo!

Todos: ¡EL CIELO ESTÁ DEMASIADO CERCA!

ESCENA 2: La misma aldea

Los siete jefes reunidos de pie sobre el escenario.

Narrador: Entonces, la gente decidió que había que hacer algo. Los siete jefes más sabios de todas las naciones se reunieron para hablar del problema.

Primer jefe: Todo mi pueblo piensa que el cielo está demasiado cerca.

Segundo jefe: Se hizo un buen trabajo cuando se creó el mundo.

Tercer jefe: Es verdad, pero debieron poner el cielo más arriba. Mi hijo, que es alto, se golpea la cabeza contra el cielo todo el tiempo.

Cuarto jefe: Mi hija siempre pierde su pelota en el cielo.

Quinto jefe: Las personas suben al cielo todo el tiempo cuando deberían quedarse en la tierra para ayudarse unos a otros.

Sexto jefe: Cuando las madres buscan a sus hijos, no los encuentran porque están allá arriba jugando en el cielo.

Séptimo jefe: Entonces, todos estamos de **acuerdo**. El cielo está demasiado cerca.

Todos: ESTAMOS DE ACUERDO.

Problema y solución
Describe el problema que estos personajes tienen que resolver.

Segundo jefe: ¿Qué podemos hacer?

Séptimo jefe: Tengo una idea.
Empujemos el cielo hacia arriba.

Tercer jefe: El cielo es pesado.

Séptimo jefe: Si empujamos todos juntos,
podremos subirlo.

Sexto jefe: Pediremos ayuda a las aves
y a los otros animales. A ellos tampoco
les gusta que el cielo esté tan abajo.

Segundo jefe: A los alces siempre se les enredan las astas en el cielo.

Cuarto jefe: Las aves siempre se golpean las alas contra él.

Primer jefe: Cortaremos árboles altos para hacer palos. Y entonces usaremos esos palos para empujar el cielo hacia arriba.

Quinto jefe: Es una buena idea. ¿Estamos todos de acuerdo?

Todos: TODOS ESTAMOS DE ACUERDO.

ESCENA 3: La misma aldea.

Toda la gente, excepto el séptimo jefe, está reunida.
Llevan palos largos. Las aves y otros animales
están con ellos. Todos comienzan a empujar al **azar**
mientras pinchan el aire con sus palos. (Es posible
imaginarse que el cielo está justo encima de ellos.)

Niña: ¡No está funcionando!

Niño: El cielo todavía está demasiado cerca.

Quinto jefe: ¿Dónde está el séptimo jefe?
¡Esto fue idea suya!

Séptimo jefe (entrando): Aquí estoy.
Estaba buscando este palo largo.

Primer jefe: ¡Tu plan no sirve! Mira, estamos empujando, pero el cielo no se mueve.

Séptimo jefe: ¡Ah!, pero yo dije que debíamos empujar todos juntos.

Quinto jefe: Necesitamos una **señal** para empujar todos a la vez. Nuestros pueblos hablan lenguas diferentes.

Séptimo jefe: Gritaremos YA-JÚ como señal. ¿Listos?

Todos: ¡SÍ!

Problema y solución
¿Por qué no funcionó el plan? ¿Cuál es la solución para eso?

Séptimo jefe: YA-JÚ

Cuando da la señal, todos juntos empujan.

Todos: ¡YA-JÚ!

Séptimo jefe: YA-JÚ

Empujan todos juntos una vez más.

Todos: ¡YA-JÚ!

Hombre alto: ¡Lo estamos logrando!

Madre: ¡Mi hijo ya no podrá esconderse en el cielo!

Séptimo jefe: YA-JÚ

Una vez más, todos juntos empujan.

Todos: ¡YA-JÚ!

Niño: Estará muy alto para que mis flechas se enganchen en él.

Séptimo jefe: YA-JÚ.

Una vez más, todos juntos empujan.

Todos: ¡YA-JÚUUU!

Primer jefe: ¡Lo logramos!

Narrador: Y así fue que subieron el cielo.
Lo lograron todos, trabajando juntos. Esa noche,
cuando miraron hacia arriba, vieron muchas
estrellas en el cielo. Las estrellas brillaban
por los agujeros que hicieron los palos de todos
los que empujaron. Nadie más volvió a golpearse
la cabeza contra el cielo. Y todas esas estrellas
siguen allí hasta el día de hoy.

CONOCE AL AUTOR Y AL ILUSTRADOR

Joseph Bruchac escribe cuentos, obras de teatro, poemas y artículos para niños y adultos. También recorre el país contando cuentos tradicionales. Joseph es un indígena americano Abenaki. Con su trabajo, Joseph mantiene viva su cultura y la de otros pueblos indígenas americanos.

Stefano Vitale creció en Italia, donde estudió arte. Lo que más le gusta a Stefano es hacer cuadros en madera. "La madera tiene cualidades antiguas. Tiene sabiduría y madurez" dice.

Conéctate Busca más información sobre Joseph Bruchac en **www.macmillanmh.com**.

 Propósito del autor

Joseph Bruchac escribió una obra de teatro sobre el trabajo en equipo. Piensa en algo que hagas con otros. Escribe por qué es importante trabajar en equipo.

Volver a contar
Usa las tarjetas para
volver a contar la obra.

**Tarjetas
Cuéntalo otra vez**

Pensar y comparar

1. ¿Cuál es el problema
   en esta obra de teatro?
   ¿Cómo se solucionó el
   problema? **Visualizar:
   Problema y solución**

2. Vuelve a leer las páginas
   452 y 453. ¿Por qué la gente tiene que
   esperar una **señal** para empujar el cielo
   hacia arriba? **Analizar**

3. ¿Alguna vez has trabajado con tus amigos
   o compañeros de clase para resolver
   un problema? ¿Qué hicieron? **Aplicar**

4. ¿Qué aprendiste en esta obra de teatro
   sobre trabajar con otros? **Sintetizar**

5. ¿En qué se parece esta obra de teatro
   a "¿Por qué Sol y Luna viven en
   el cielo?", de las páginas 440 y 441?
   Leer/Escribir para comparar textos

Poesía

Género
Los poemas pueden describir las cosas de modo que tú te formes una imagen en tu mente.

Elementos literarios
La personificación es hablar de una cosa como si fuera una persona y pudiera hacer lo que hacen las personas.

La imaginería es la manera en que el poeta usa las palabras para crear imágenes en la mente del lector.

La luna en el jazminero

Ester Feliciano Mendoza

La luna tiene un columpio
prendido en el jazminero.
El viento la mece y canta
con su ternura de abuelo.

¡Mécela viento y cántala!
¡Mira qué lindo su pelo
entre cintas reidoras
y hebillitas de luceros!

¡Ay mécela viento y cántala!
Mira su falda en revuelo
y su chal de niebla pura
tendido sobre los cerros.

Cántala viento y mécela,
que entre el rubio jazminero,
la luna juega a ser niña
porque tú seas su abuelo.

Pensamiento crítico

1. ¿La frase "el viento la mece" tiene **significado literal** o **no literal**? ¿Por qué? **Personificación**

2. La frase "hebillitas de luceros" tiene **significado no literal**. ¿A qué se refiere la poeta con esta frase? **Metáfora**

3. Piensa en cómo está descrito el cielo en *Cuando subieron el cielo* y en este poema. ¿Por qué son tan diferentes las descripciones? **Leer/Escribir para comparar textos**

 Busca más información sobre la luna y el cielo en **www.macmillanmh.com.**

Conexión: Lectura y escritura

Orden de los sucesos

En una obra de teatro, los buenos escritores usan el **orden de los sucesos** correcto para contar lo que pasa en orden.

El principio cuenta qué dicen los personajes al principio.

Mi final describe lo último que sucede en mi obra de teatro.

El sol y el viento

Joe M.

Personajes: Narrador, Viento, Sol, Hombre

Narrador: El viento y el sol están discutiendo.

Viento: Soy más fuerte que tú, Sol.

Sol: No, no lo eres Viento. Pruébalo.

Viento: ¿Ves a ese hombre? El que logre que se quite totalmente el abrigo será el más fuerte. Yo iré primero.

Hombre: Brrrrr. El viento está frío. Voy a abotonar bien mi abrigo para mantenerme abrigadito.

Viento: Sol, es tu turno.

Hombre: Ahora salió el sol y está haciendo calor. Mejor me quito el abrigo.

Viento: Ganaste Sol. Tú eres el más fuerte.

Tu turno

Una obra de teatro tiene por lo menos un personaje que habla.

Piensa en personajes sobre los que te gustaría escribir.

Escribe una obra de teatro con personajes que hablen entre ellos.

Control de escritura

☑ Mi obra de teatro tiene personajes que hablan unos con otros.

☑ Mi obra de teatro tiene un orden de los sucesos claro.

☑ Puse varios detalles, como adjetivos, adverbios y el nombre de cada personaje antes de que hable.

☑ Usé correctamente adjetivos y adverbios para describir las cosas y las acciones.

Repaso

Propósito del autor
Problema y solución
Comparar y contrastar
Personajes y ambiente
Tablas
Claves de contexto

La cebra de Riki

"Vamos a usar materiales de arte para hacer los animales sobre los que leímos hoy" dijo el Sr. Bernal a la clase.

"Quiero que cada uno elija un animal que le guste. Pueden usar los materiales que quieran" explicó.

En la clase de Riki había buenos artistas, pero él no creía ser uno. "Miraré cómo los buenos artistas hacen sus animales. Quizás así podré hacer una cebra" se dijo Riki.

Riki observó cómo Jen dibujaba su elefante con un marcador. Dibujó líneas oscuras y derechitas e hizo un elefante muy bonito. Riki trató de hacer lo mismo pero las líneas le salieron muy gruesas y onduladas.

Luego, Riki fue a la mesa donde Sam pintaba un pavo real, pero cuando Riki trató de pintar como Sam, salpicó todo su dibujo con pintura y su cebra quedó hecha una gran mancha gris.

Al lado de Sam estaba Ana, haciendo un cocodrilo con arcilla. Su cocodrilo tenía grandes dientes y una larga cola.

—Me gusta trabajar con arcilla. Me sale muy bien —le dijo Ana.

—Tal vez no debo tratar de hacer lo mismo que hacen los otros niños —dijo Riki. Entonces, buscó cartón, papeles de colores y goma de pegar, y empezó a trabajar en su modelo de cebra.

—¡Qué linda cebra!— Dijo Jen cuando Riki la terminó —. ¡Tu animal no se parece a ningún otro!

A todos les gustó la cebra de Riki.

—Creo que puedo ser un buen artista —le dijo Riki al Sr. Bernal—. Sólo tengo que hacer las cosas a mi manera.

463

UNA MAMÁ Y SU PORTABEBÉ

Las madres africanas llevan sus bebés con ellas a todas partes.

¿Has visto alguna vez un portabebé? Un portabebé es una especie de mochila que sirve para cargar un bebé. Ann Moore trajo a Estados Unidos la idea de los portabebés.

Ann era enfermera en África a principios de los años 60. Allí vio que las madres llevaban atadas a sus espaldas unas mantas de brillantes colores donde llevaban a sus bebés. De esta manera, las madres tenían las manos libres para hacer otras cosas.

Cuando Ann tuvo su propio bebé en 1964, trató de hacer un portabebé como el que usaban las madres de África. El portabebé era como una mochila. Dondequiera que Ann fuera, siempre alguna persona le preguntaba dónde podía comprar uno.

En 1965, Ann y su madre comenzaron a vender portabebés hechos a mano. Más tarde se publicaron fotos del portabebé en un catálogo, y mucha gente que lo leyó quiso comprarlo. Ann patentó el portabebé en 1969. Para entonces, el portabebé tenía agujeros para las piernas y tiras que se podían alargar o acortar. También se podía usar en la espalda o en el frente.

Hacia 1979, los portabebés se hacían en fábricas. Se vendían más de 25,000 por mes. En 1985, Ann vendió la compañía.

Hoy en día, en todo el mundo, los bebés van en portabebés, felices y seguros cerca de sus padres.

Los portabebés que hizo Ann Moore fueron muy útiles para los padres.

AÑO	SUCESO
A principios de los 60	Ann Moore es enfermera en África.
1964	Ann tiene un bebé.
1965	Ann vende portabebés hechos a mano.
1969	Ann patenta el portabebé.
1979	Los portabebés se hacen en fábricas.
1985	Ann vende su compañía.

Comprensión

Comparar cuentos

- Los buenos lectores comparan los personajes, los ambientes y los detalles del argumento cuando leen dos versiones del mismo cuento.

- Con un compañero, relee "Pollito Chiquito" y "Conejo Tontuelo Temeroso", en las páginas 170 a 173. Luego, conversen acerca de las semejanzas que encontraron entre los cuentos. Escriban algunas semejanzas entre los personajes, los ambientes y los detalles del argumento en una hoja aparte. Compartan sus ideas con el resto de la clase.

Escritura

Escribe una composición

- Escribe una composición acerca de una visita a un hábitat desértico. No olvides organizar tu texto de modo que incluya un principio, un desarrollo y un final.

Estudio de las palabras

Fonética

Palabras con *pl, bl, cl, fl, gl, tl*

- Lee las siguientes palabras: *roble, ciclón, dobla, florcita, arreglo, glorieta, atletas, inflar, clarinete, atlas.* Cópialas en una hoja aparte y marca con colores *pl, bl, cl, fl, gl, tl.*

- Copia estas oraciones y complétalas con una de las palabras de la lista.

  1. Los _____ entrenan mucho.

  2. Un _____ es un viento muy fuerte.

  3. Debo _____ globos para mi fiesta.

Ortografía

Palabras homófonas y homónimas, palabras con *hue, hui, güe, güi, i, y, x, j* y conjunciones

- Copia las siguientes palabras en una hoja aparte: *hola, ola, sobre, guagüita, cigüeña, hueco, huidizo, muy, canción, México, jardín.*

- Úsalas para escribir un cuento sobre un viaje. Trata de incluir todas las conjunciones que estudiaste: *y (e), o (u), ni* y *que.*

Conéctate StudentWorks *Plus* Libro interactivo del estudiante
Actividades interactivas de lecto-escritura www.macmillanmh.com

467

Glosario

¿Qué es un glosario?

Un glosario te ayuda a conocer el **significado** de las palabras. Las palabras, llamadas **entradas**, aparecen en **orden alfabético**. En la parte superior de cada página están las **palabras guía.** Son la primera y la última palabra de la página.

Al lado de cada palabra aparece la **definición** y una **oración de muestra**. Cada palabra está dividida en **sílabas**. Al final está la **parte de la oración**.

mamífero

fruto

Palabras guía

Primera palabra de la página   Última palabra de la página

Ejemplo de entrada

Definición

Entrada ── **bestia**   Animal. *Los leones son*

Oración de muestra ── *bestias salvajes.*

División en sílabas ── **bes•tia** *sustantivo femenino.* ── Parte de la oración

conservación

Aa

accidente   Suceso del que resulta un daño. *Si corres cerca de la piscina, puedes resbalar y tener un accidente.*
ac•ci•den•te *sustantivo masculino.*

acicalarse   Arreglarse. *Se acicaló para la fiesta.*
a•ci•ca•lar•se *verbo.*

acuerdo   Pacto, tratado. *El Presidente firmó un acuerdo.*
a•cuer•do *sustantivo masculino.*

acurrucarse   Encogerse. *Mi conejito y yo nos acurrucamos con cariño.*
a•cu•rru•car•se *verbo.*

adaptado   Que se ha acomodado a su entorno. *Vimos animales adaptados para vivir en climas fríos, con grueso pelaje.*
a•dap•ta•do *adjetivo.*

adulto   Llegado a su mayor crecimiento o desarrollo. *Tiene veinticinco años, es un adulto.*
a•dul•to/a *adjetivo y sustantivo femenino o masculino.*

afluente   Río secundario, que desemboca en otro río, mar o lago. *El Río Branco es un afluente del Río Negro.*
a•fluen•te *sustantivo masculino.*

ahora   En este momento. *Esta mañana estaba lloviendo, pero ahora ya no llueve.*
a•ho•ra *adverbio.*

amable   Que es agradable con los demás y los trata bien. *Ese señor no es amable porque nos grita cuando la pelota cae en su jardín.*
a•ma•ble *adjetivo.*

ansioso   Estar agitado, nervioso o impaciente. *Están **ansiosos** de que empiece la carrera.*
an•sio•so *adjetivo.*

antiguo   Que existe desde hace mucho tiempo. *Las pirámides mayas son muy **antiguas**.*
an•ti•guo *adjetivo.*

armar   Juntar las varias piezas de que se compone un mueble, artefacto, etc. *Fue muy difícil **armar** la cama.*
ar•mar *verbo.*

arrogante   Soberbio, orgulloso, que se cree mejor que los demás. *Por ser tan **arrogante**, no tiene muchos amigos.*
a•rro•gan•te *adjetivo.*

asimismo   De este modo, también. *El precio del juguete incluye **asimismo** las baterías.*
a•si•mis•mo *adverbio.*

asomarse   Empezar a verse. *La luna **se asoma** entre las montañas.*
a•so•mar•se *verbo.*

atención   Se usa para pedir especial cuidado a lo que se va a decir o hacer. *¡**Atención**! La obra está por empezar.*
a•ten•ción *interjección.*

azar   Sin orden o planeamiento. *Seleccionó los alumnos al **azar**.*
al a•zar *adverbio.*

471

Bb

bestia   Animal. *Los leones son* ***bestias*** *salvajes.*

bes•tia *sustantivo femenino.*

bienvenida   Agrado que se comunica a alguien cuando llega. *Todos fueron al aeropuerto para darme la* ***bienvenida.***

bien•ve•ni•da *sustantivo femenino.*

boquiabierto   Que tiene la boca abierta. *Se quedó* ***boquiabierto,*** *sin saber que decir.*

bo•quia•bier•to *adjetivo.*

brotar   Nacer una planta o echar nuevas hojas. *Las plantas* ***brotan*** *en la primavera.*

bro•tar *verbo.*

Cc

calma   Paz, tranquilidad. *En momentos difíciles, es importante mantener la* ***calma.***

cal•ma *sustantivo femenino.*

clima templado   Clima que no es caliente ni frío. *Quito tiene un* ***clima templado*** *porque aunque la ciudad está sobre el ecuador, se halla en las montañas.*

cli•ma tem•pla•do *sustantivo masculino.*

combinar   Unir o mezclar cosas diferentes. *Si* ***combinas*** *los colores azul y amarillo, conseguirás el color verde.*

com•bi•nar *verbo.*

confirmar   Asegurar la verdad de algo. ***Confirmó*** *que el vuelo había llegado.*

con•fir•mar *verbo.*

conservación   Cuidado de una cosa; uso cuidadoso de los recursos naturales como bosques, agua y minerales. *La **conservación** de la Tierra es un tema importante.*
con•ser•va•ción *sustantivo femenino.*

curar   Sanar, recobrar la salud. *Los médicos se dedican a **curar** a las personas.*
cu•rar *verbo.*

Dd

desafío   Reto, algo difícil a lo que hay que enfrentarse. *Nuestro **desafío** como ciudadanos de la Tierra es cuidarla.*
de•sa•fí•o *sustantivo masculino.*

desdén   Indiferencia y desprecio. *Se sentía superior a todos y trataba con **desdén** a los demás.*
des•dén *sustantivo masculino.*

desnutrición   Debilitamiento por nutrición insuficiente o inadecuada, mala alimentación. *El perro que adoptamos tenía problemas de **desnutrición** pero ahora come mejor y ya está bien.*
des•nu•tri•ción *sustantivo femenino.*

desplazarse   Moverse del lugar en que está, trasladarse. *Nos **desplazamos** a un área de la playa con menos gente.*
des•pla•zar•se *verbo.*

desvanecerse   Evaporarse o desaparecer poco a poco. *Poco a poco, con el sol, la niebla se **desvaneció**.*
des•va•ne•cer•se *verbo.*

devorar   Consumir apresuradamente. *El oso **devoró** la comida de los campistas.*
de•vo•rar *verbo.*

dificultad   Cualidad de difícil; obstáculo. *No tuve ninguna **dificultad** en el camino y llegué a tiempo.*
di•fi•cul•tad *sustantivo femenino.*

diseño   I. Dibujo decorativo. Los artesanos de *Perú tejen ropas con bonitos **diseños** de animales y figuras geométricas.* **2.** Plano o esbozo de un objeto. *La Dra. Bath creó el **diseño** de un instrumento para quitar las cataratas.*
di•se•ño *sustantivo masculino*

Ee

ecosistema   Comunidad de especies variadas de plantas y animales. *El **ecosistema** de la selva es muy delicado.*
e•co•sis•te•ma *sustantivo masculino.*

enorme   Muy grande, excesivo. *Las secoyas son árboles **enormes**.*
e•nor•me *adjetivo.*

escabullirse   Irse disimuladamente, escurrirse. *Pude **escabullirme** de la clase sin que me vieran mis compañeros.*
es•ca•bu•llir•se *verbo.*

etapa Trecho, época o estado de desarrollo. *La pupa es la tercera* ***etapa*** *de la vida de una mariposa.*
e•ta•pa *sustantivo femenino.*

examinar Investigar con cuidado una cosa. *El doctor me* ***examinó*** *los oídos.*
e•xa•mi•nar *verbo.*

excepto Fuera de, menos, salvo. *Todos mis amigos fueron a la fiesta* ***excepto*** *Luis.*
ex•cep•to *preposición.*

extinguirse **1.** Apagarse una luz o un fuego. **2.** Cesar o acabarse del todo algo que desaparece poco a poco. *Los dinosaurios se* ***extinguieron*** *hace millones de años.*
ex•tin•guir•se *verbo.*

Ff

fango Lodo o barro. *Es difícil caminar por el* ***fango***.
fan•go *sustantivo masculino.*

festival Fiesta o exhibición de artes. *Fui al* ***festival*** *de cuentos.*
fes•ti•val *sustantivo masculino.*

filoso Que tiene filo. *Los gatos tienen garras* ***filosas***.
fi•lo•so *adjetivo.*

fogón **1.** Cocina rústica de leña. **2.** Fuego que se hace en el suelo. *En la casa de mi tío, cocinamos el pescado en un* ***fogón***.
fo•gón *sustantivo masculino.*

fracasar No tener éxito. *La obra* ***fracasó*** *porque nadie la fue a ver.*
fra•ca•sar *verbo.*

fracturado   Roto, quebrado. *Tengo un hueso **fracturado**.* **frac•tu•ra•do** *adjetivo.*

fronda   Conjunto de hojas o ramas, follaje. *El tigre se escondió entre las **frondas**.* **fron•da** *sustantivo femenino.*

fruto   Lo que producen las plantas, y que muchas veces sirve para comer. *La naranja es el **fruto** de un árbol llamado naranjo.* **fru•to** *sustantivo masculino.*

Gg

gas   Sustancia fluida que se extiende hasta llenar un espacio. *El aire que respiramos es un **gas**.* **gas** *sustantivo masculino.*

germinar   Echar raíces y hojitas una semilla para comenzar a crecer la planta. *Las semillas necesitan agua para **germinar**.* **ger•mi•nar** *verbo.*

grave   **l.** De mucha importancia. **2.** Difícil, arduo. *Sólo tienes un resfriado, no es **grave**.* **gra•ve** *adjetivo.*

guacamayo   Papagayo muy colorido. *Los **guacamayos** tienen bellas plumas.* **gua•ca•ma•yo** *sustantivo masculino.*

Hh

hábitat   Lugar donde viven,
o habitan, las personas o los
animales. *Es importante cuidar
los **hábitats** de los animales para
que siempre tengan donde vivir.*
há•bi•tat *sustantivo masculino.*
Plural *hábitats.*

Ii

implorar   Pedir con ruegos. *¡Te
imploro que me escribas todas las
semanas!*
im•plo•rar *verbo.*

incapaz   Que no es capaz de
hacer algo. *Soy **incapaz** de cantar.*
in•ca•paz *adjetivo.*

incluso   Hasta, también. *Todos
bailamos, **incluso** el abuelo.*
in•clu•so *adverbio.*

informar   Dar noticia de algo,
enterar. *Mamá me **informó** que
los gatitos nacieron.*
in•for•mar *verbo.*

ingrediente   Cosa que va dentro
de una comida o bebida. *Los
ingredientes son leche y azúcar.*
in•gre•dien•te *sustantivo.*

inquieto   Agitado o nervioso, que
no se está quieto. *La perrita está
inquieta porque quiere salir.*
in•quie•to *adjetivo.*

instrucciones   Reglas o
indicaciones para hacer algo. *Hay
que seguir bien las **instrucciones**.*
ins•truc•cio•nes *sustantivo femenino.*

invernal   Del invierno o relativo a él. *La noche invernal es larga.* **in•ver•nal** *adjetivo.*

itinerario   Descripción de una ruta, camino o recorrido. *El agente nos mandó el itinerario del viaje.* **i•ti•ne•ra•rio** *sustantivo masculino.*

Jj

jadear   Respirar con dificultad. *Terminé la carrera jadeando.* **ja•de•ar** *verbo.*

Ll

larva   Animal que está creciendo entre las etapas de huevo y adulto. *Algunos gusanos son la larva de una mariposa.* **lar•va** *sustantivo.* **Larval** es el adjetivo.

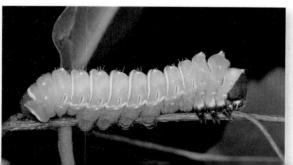

líquido   Materiales que son mojados y fluyen, no tienen forma propia, como el agua. *El agua, el jugo y la leche son ejemplos de líquidos.* **lí•qui•do** *sustantivo y adjetivo.*

lumbre   I. Materia encendida. 2. Fuego que se enciende para dar luz, cocina o calentarse. *La lumbre del fogón nos da luz.* **lum•bre** *sustantivo femenino.*

luz solar   Energía del sol. *Las plantas necesitan luz solar para crecer.* **luz so•lar** *sustantivo femenino.*

Mm

mamífero Animal de sangre caliente que se alimenta de la leche de su madre. *Los manatíes, las ballenas y los delfines son* **mamíferos** *que viven en el agua.*
ma•mí•fe•ro *sustantivo masculino.*

medianoche Las doce de la noche. *Nos quedamos despiertos hasta la* **medianoche**.
me•dia•no•che *sustantivo femenino.*

mediodía Momento en que el Sol está en su punto más alto en el cielo. *Comemos al* **mediodía**, *o sea a las 12:00 del día.*
me•dio•dí•a *sustantivo masculino.*

menú Lista de comida. *Ese restaurante no me gusta, tiene un* **menú** *muy limitado.*
me•nú *sustantivo masculino.*

mineral Cada una de las sustancias inorgánicas que se halla en el suelo. *Las plantas absorben* **minerales** *de la tierra.*
mi•ne•ral *sustantivo masculino.* Plural **minerales**.

moraleja Lección que se deduce de un cuento, fábula, etc. *Una de las* **moralejas** *del cuento "La liebre y la tortuga" es: no hay que burlarse de los demás.*
mo•ra•le•ja *sustantivo femenino.*

479

mordisquear   Morder algo con poca fuerza pero de forma repetida. *El cachorro está **mordisqueando** la billetera de Mamá.*

mor•dis•que•ar *verbo.*

Nn

noble   Sobresaliente por su valor o calidad. *El caballo es un animal **noble**.*

no•ble *adjetivo.*

nocturno   De la noche. *Es una persona **nocturna**, duerme de día y trabaja de noche.*

noc•tur•no *adjetivo.*

normal   General, lo que es más común o de la mayoría, lo que ocurre siempre o habitualmente. *El doctor dijo que es **normal** que los bebés lloren.*

nor•mal *adjetivo.*

Oo

ocelote   Felino carnívoro de las selvas americanas. *El **ocelote** caza de noche.*

o•ce•lo•te *sustantivo masculino.*

optimista   Que piensa que todo está o va a salir de la mejor manera. *Como soy **optimista**, creo que no va a llover aunque está nublado.*

op•ti•mis•ta *adjetivo.*

oralmente   Con la boca o con la palabra. *Se expresa mejor* **oralmente** *que por escrito.* **o•ral•men•te** *adverbio.*

Pp

parpadear   Abrir y cerrar rápidamente los párpados. ***Parpadeaba*** *mucho porque le entró polvo en los ojos.* **par•pa•de•ar** *verbo.*

parvada   Grupo de pájaros. *Siempre hay una* **parvada** *de palomas en la plaza.* **par•va•da** *sustantivo femenino.*

peces   Plural de **pez**, animal acuático que respira bajo el agua. *Me encanta mirar los* **peces** *en el acuario.* **pe•ces** *sustantivo masculino.*

permanecer   Mantenerse sin cambios en un mismo lugar, estado o condición. ***Permaneció*** *toda su vida en El Paso.* **per•ma•ne•cer** *verbo.*

personal   **1.** Grupo de personas que trabajan en un mismo lugar. *Demoran en atendernos porque tienen poco* **personal**. **2.** De la persona. *El cepillo de dientes no se comparte, es de uso* **personal**. **per•so•nal** *sustantivo masculino y adjetivo.*

preocuparse   **1.** Sentir un poco de temor o angustia por algo, pensar de antemano en cómo solucionarlo. ***Me preocupa*** *cómo voy a responder la prueba de ciencias.* **2.** Interesarse por el bien de alguien o algo. *Mi mamá* ***se preocupa*** *por los vecinos.* **pre•o•cu•par•se** *verbo.*

presa   Persona, animal o cosa que se intenta atrapar. *La araña caza sus* **presas** *con la telaraña.* **pre•sa** *sustantivo femenino.*

481

presuroso   Rápido, con prisa. *Miguel va **presuroso** a la escuela porque ya es tarde.* **pre•su•ro•so** *adjetivo.*

Rr

recolectar   Recoger la cosecha. *Vamos a **recolectar** las uvas.* **re•co•lec•tar** *verbo.*

reconocer   Distinguir de las demás a una persona o cosa por sus características. *¡Tío, no te **reconocí** sin el bigote!* **re•co•no•cer** *verbo.*

rescatar   Salvar, sacar de un peligro. *Cuando se hundió su bote lo **rescataron** con un helicóptero.* **res•ca•tar** *verbo.*

resplandeciente   Que da resplandor, que brilla. *Mi hermano lavó el carro y quedó **resplandeciente**.* **res•plan•de•cien•te** *adjetivo.*

revolotear   Volar dando muchas vueltas y giros pequeños y rápidos. *Las mariposas **revolotean** entre las flores.* **re•vo•lo•tear** *verbo.*

ribera   I. Orilla del mar o de un río. *Nos sentamos a la **ribera** del río y pusimos los pies en el agua.* 2. Franja de tierra cerca de un río. *En la **ribera** crecen montes de coronillas.* 3. Huerta cercada junto a un río. *La nutria se metió en la **ribera** para comerse las zanahorias.* **ri•be•ra** *sustantivo femenino.*

riesgo   Posibilidad de un daño o peligro. *Si andas en bicicleta sin casco, corres **riesgo** de lastimarte la cabeza.* **ries•go** *sustantivo masculino.*

Ss

semilla   Parte del fruto que contiene el germen de una nueva planta. *En el centro de la manzana están las **semillas**.*
se•mi•lla *sustantivo femenino.*

señal   Marca o signo para indicar a otros que hagan algo. *El guardia da la **señal** de PARE a los carros para que los niños crucen.*
se•ñal *sustantivo femenino.*

silvestre   Se dice de una planta o animal que crece naturalmente. *Cuando vamos al campo recogemos flores **silvestres**.*
sil•ves•tre *adjetivo.*

sisear   Repetir el sonido *s* y *ch*. *Las serpientes **sisean**.*
si•se•ar *verbo.*

sofocante   Que sofoca, oprime, no deja respirar. *Es un calor **sofocante**.*
so•fo•can•te *adjetivo.*

solar I   Terreno, parcela de tierra. *La casa es pequeña pero tiene un **solar** muy grande.*
so•lar *sustantivo masculino.*

solar 2   Del sol. *La luz solar es necesaria para la vida en la Tierra.*
so•lar *adjetivo.*

sólido   Materiales firmes con forma propia. *Las piedras son ejemplos de sólidos; el hielo es agua en estado sólido.*
só•li•do *sustantivo masculino* y *adjetivo.*

sublime   Excelente, admirable. *La vista del mar es sublime desde el balcón del hotel.*
su•bli•me *adjetivo.*

Tt

tallar   Dar forma o trabajar un material. *El artista talla la madera para hacer una estatua.*
ta•llar *verbo.*

tinieblas   Falta de luz, oscuridad. *El apagón nos dejó en tinieblas.*
ti•nie•blas *sustantivo femenino.*

tótem   Poste con figuras de seres u objetos. *Los indígenas de Alaska hacen tótems.*
tó•tem *sustantivo masculino.*

trecho   Espacio, distancia. *Es un trecho corto de su casa a la mía.*
tre•cho *sustantivo masculino.*

tropical   Del trópico. *Los corales viven en los mares **tropicales**.*

tro•pi•cal *adjetivo.*

Uu

útil   Que puede servir. *El papel de aluminio es **útil** para envolver la comida.*

ú•til *adjetivo.*

Vv

válido   Exacto o con validez legal. *La partida de nacimiento no es **válida** sin el sello de la ciudad.*

vá•li•do *adjetivo.*

venia   Saludo militar o saludo muy formal, con una inclinación. *El caballero saludó con una **venia**.*

ve•nia *sustantivo femenino.*

vereda   Camino estrecho. *Caminamos por la **vereda** que atraviesa el parque.*

ve•re•da *sustantivo femenino.*

Acknowledgments

The publisher gratefully acknowledges permission to reprint the following copyrighted material:

LA CARRERA DEL SAPO Y EL VENADO translation of "The Race of Toad and Deer" by Pat Mora illustrated by Domi. Text copyright © 2001 by Pat Mora and Illustrations copyright © 2001 by Gloria Domingo Manuel (Domi). First published by Un Libro Tigrillo, Groundwood Books Ltd. Reprinted by permission of the publisher.

"El Oficial Buckle y Gloria" translation of OFFICER BUCKLE AND GLORIA by Peggy Rathmann. Text Copyright © 1995 by Peggy Rathmann. Published by G.P. Putnam's Sons. All rights reserved. Used with permission of Sheldon Fogelman Agency, Inc.

"Una cachorra de foca crece" translation of "A Harbor Seal Pup Grows Up" by Joan Hewett and Richard Hewett. Text copyright © 2002 by Joan Hewett. Photographs copyright © 2002 by Richard Hewett. Reprinted with permission from Carolrhoda Books, Inc., a division of Lerner Publishing Group.

"El perrito" translation of "The Puppy" from RING A RING O' ROSES: FINGER PLAYS FOR PRESCHOOL CHILDREN. Reprinted with permission from Flint Public Library.

ARROZ CON FRIJOLES… Y UNOS AMABLES RATONES by Pam Muñoz Ryan, illustrated by Joe Cepeda, translated by Nuria Molinero. Scholastic Inc./Mariposa. Text copyright © 2001 by Pam Muñoz Ryan. Illustrations copyright © 2001 by Joe Cepeda. Spanish language translation copyright © by Scholastic Inc. Used by permission.

EL FLAMBOYÁN AMARILLO by Georgina Lázaro, illustrated by Lulu Delacre. Text copyright © 2004 by Georgina Lázaro. Illustration © 2004 by Lulu Delacre. Reprinted by permission of Lectorum Publications, Inc.

"Los pájaros de la cosecha" from "THE HARVEST BIRDS / LOS PÁJAROS DE LA COSECHA by Blanca López de Mariscal, illustrated by Enrique Flores. Story copyright © 1995 by Blanca López de Mariscal. Illustrations copyright © by Enrique Flores. Reprinted with permission of the publisher, Children's Book Press, San Francisco, CA. **www. childrensbookpress.org.**

"Farfallina y Marcel" translation of FARFALLINA AND MARCEL by Holly Keller. Copyright © 2002 by Holly Keller. Reprinted with permission of Greenwillow Books, an imprint of HarperCollins Publishers.

"Nutik, el cachorro de lobo" translation of NUTIK, THE WOLF PUP by Jean Craighead George, illustrated by Ted Rand. Text copyright © 2001 by Julie Productions, Inc. Published by HarperCollins Publishers. Reprinted with permission of Curtis Brown, Ltd.

NAPÍ by Antonio Ramírez, illustrated by Domi. Text copyright © 2004 by Antonio Ramírez, and illustration copyright © 2004 by Gloria Domingo Manuel (Domi). First published by Un Libro Tigrillo, Groundwood Books Ltd. Reprinted by permission of the publisher.

"¡Plif! ¡Plaf! Los animales se bañan" translation of "SPLISH! SPLASH! ANIMAL BATHS" by April Pulley Sayre. Copyright © 2000 by April Pulley Sayre. Reprinted with permission of The Millbrook Press, Inc.

LA CANCIÓN DEL GECO by David Kraatz, illustrated by Mauricio Luengas. Copyright © 1995 Reprinted with permission of Santillana USA Publishing Company, Inc.

"Cuando subieron el cielo" translation of PUSHING UP THE SKY by Joseph Bruchac, illustrated by Stefano Vitale. Text copyright © 2000 by Joseph Bruchac. Reprinted by permission of Dial Books for Young readers, A Division of Penguin Young Readers Group, A member of Penguin Group (USA) Inc.

"La luna en el jazminero" by Ester Feliciano Mendoza. Reprinted with permission of Editorial Universitaria.

Book cover, TOMÁS Y LA SEÑORA DE LA BIBLIOTECA by Pat Mora. Reprinted with permission of Dragonfly Books, Alfred Knopf Books for Young Readers.

Book cover, DOÑA FLOR: UN CUENTO DE UNA MUJER GIGANTE CON UN GRAN CORAZÓN by Pat Mora. Reprinted with permission of Dragonfly Books, Alfred Knopf Books for Young Readers.

Book Cover, BUENAS NOCHES GORILA by Peggy Rathmann. Reprinted with permission of Penguin.

Book Cover, RUBY, MONO VE, MONO HACE by Peggy Rathmann. Reprinted with permission of Lectorum Publications.

Book Cover, GRACIAS, EL PAVO DE THANKSGIVING by Joy Cowley, illustrated by Joe Cepeda. Reprinted with permission of Lectorum Publications.

Book Cover, EL VIEJO Y SU PUERTA by Gary Soto, illustrated by Joe Cepeda. Reprinted with permission of Penguin.

Book Cover, LOS ZAPATICOS DE ROSA by José Martí, illustated by Lulu Delacre. Reprinted with permission of Lectorum Publications.

Book Cover, DON QUIJOTE A CARCAJADAS by Georgina Lázaro. Reprinted with permission of Ediciones Norte.

Book Cover, BEBÉ ISLEÑO by Holly Keller. Reprinted with permission of HarperCollins.

Book Cover, LA CABALGATA DE PAUL REVERE by Henry Wadsworth Longfellow, illustrated by Ted Rand. Reprinted with permission of Penguin.

Book Cover, EN EL PALACIO DEL REY DEL OCÉANO by Marilyn Singer, illustrated by Ted Rand. Reprinted with permission of Simon & Shuster.

Book Cover, NAPÍ VA A LA MONTAÑA by Antonio Ramírez, illustrated by Domi. Reprinted with permission of Groundwood Books.

Book Cover, LA SABIDURÍA DEL INDIO AMERICANO by Joseph Bruchac. Reprinted with permission of Lectorum.

ILLUSTRATIONS
Cover: Luciana Navarro Powell.

16-17: Maya Christina Gonzalez. 18-41: Domi. 44-47: Andrezzinho. 52-53: Diane Greensied. 54-77: Peggy Rathman. 124-125: Jo Parry. 130-131: Bernard Adnet. 132-161: Joe Cepeda. 170-171: Cindy Revell. 172-173: Pam Thompson. 184-205: Lulu Delacre. 216-235: Enrique Flores. 238: Grace Lin. 258-259: Marisol Sarrazin. 260-281: Holly Keller. 294-313: Ted Rand. 322-323: Keiko Motoyama. 334-335: Maribel Suarez. 336-355: Domi. 390-391: Rex Barron. 410-429: Mauricio Luengas. 440-441: Laura Ovresat. 442-455: Stefano Vitale. 458-459: David Diaz. 462-463: Deborah Melmon.

PHOTOGRAPHY
All Photographs are by Macmillan/McGraw-Hill (MMH) except as noted below:

10-11: (bkgd) A. Ramey / Photo Edit. 12: (bl) Mark Karrass/Corbis. 13: (br) Photos Courtesy of Hispanic Heritage Foundation Photographer Judy Rolfe. 40: (cl) Tom Grill/Corbis. 41: (tr) Larry Bones/AGE Fotostock. 76: (bl) David Nagel/Allsport Concepts/Getty Images, Inc. 77: (tr) Alaska Stock LLC/Alamy & Ablestock/Hemera Technologies/Alamy. 78: (bl) courtesy of Peggy Rathmann. 80: (br) Kathy McLaughlin/The Image Works, Inc.; (bkgd) Barbara Stitzer/Photo Edit Inc. 81: (tr) Geri Engberg/ The Image Works, Inc.; (bl) Richard Hutchings/Photo Edit Inc.; (bc) Richard Hutchings/Photo Edit Inc.; (br) Richard Hutchings/Photo Edit Inc. 82: (tr) Gloria H. Chomica/Masterfile; (br) portrait of Ron Cole; (b) Jim Brandenburg/Minden Pictures. 83: (tr) ZSSD/Minden Pictures. 84-85: (bkgd) CORBIS. 85: (tr) Walter Bibikow/The Image Bank/Getty Images, Inc.; (cr) Felicia Martinez/Photo Edit Inc.; (br) Photodisc/Getty Images, Inc. 86: (tl) Comstock Images/Alamy; (cl) Karl Weatherly/ CORBIS; (cl) Mark Gibson/Index Stock Imagery; (bl) Hank Morgan/ Photo Researchers, Inc.; (b) Courtesy Landscape Structures Inc. 87: (t) Arthur Tilley/Taxi/Getty Images. 88: (bl) Marko Kokic/IFRC. 90: (l) Ryan McVay/Photodisc/Getty Images, Inc. 91: (br) Dian Lofton for TFK; (br) Photolink/Getty Images, Inc.; (br) Photodisc/Getty Images, Inc.